Suhrkamp BasisBiographie 8 Isabel Allende

Leben Werk Wirkung

Martina Mauritz (geboren 1966), promovierte Hispanistin, studierte ebenfalls Kunstgeschichte und Anglistik. Sie schreibt Beiträge und Rezensionen für mehrere Zeitschriften. Nach ihrer Lehrtätigkeit für spanische und lateinamerikanische Literaturwissenschaft an der Universität Kassel lebt sie seit kurzem mit ihrer Familie im Baskenland (Spanien).

Isabel Allende

Suhrkamp BasisBiographie
von Martina Mauritz

Suhrkamp BasisBiographie 8 Erste Auflage 2005 Originalausgabe
© Suhrkamp Verlag Frankfurt am Main 2005
Druck: Clausen & Bosse, Leck · Printed in Germany
Umschlag: Hermann Michels und Regina Göllner
ISBN 3-518-18208-0
Die Schreibweise entspricht den Regeln der neuen Rechtschreibung, Zita-
te werden in ihrer ursprünglichen Rechtschreibung belassen.

1 2 3 4 5 6 – 10 09 08 07 06 05

Inhalt

Die Frau mit den grünen Haaren

Geschichten zu erzählen ist eine elementare Erfahrung, es ist eine Leidenschaft, die mein Dasein bestimmt. *Isabel Allende*

»Ich bin nicht Alba«, widersprach Isabel Allende einmal. »So viele Leute denken, ich sei Alba [die Ich-Erzählerin aus *Das Geisterhaus*], dass einige von ihnen, als ich zur Frankfurter Buchmesse nach Deutschland eingeladen war, meine Haare betrachteten, um festzustellen, ob sie grün seien.« Dass die Messebesucher Romanfigur und Autorin gleichsetzen, kann man ihnen nicht vorwerfen, denn es ist gerade die enge Verflechtung von Realität und Fiktion, die Isabel Allendes Literatur auszeichnet – und auch ihr Leben: »Ich erfinde mein Leben immer wieder neu. Mein Mann sagt, ich hätte zwanzig Versionen darüber, wie wir uns kennen gelernt haben.« Ihre Realität ist eine Art »gefühlte Realität«: Als die Mutter die Behauptung der Tochter von der schrecklichen Kindheit als Übertreibung abtut, entgegnet Isabel Allende, dass aber ihr Herz es so in Erinnerung habe.

Sie begreift sich selbst als weiblichen Troubadour, als Geschichtenerzählerin, die ihre Gabe bewusst dazu einsetzt, ihr Publikum gefangen zu halten. Was ihr immer wieder mit großem Erfolg gelingt. Sie ist die bekannteste lateinamerikanische Schriftstellerin; ihre Bücher liegen in schätzungsweise 30 Millionen Exemplaren vor, sind in etwa 30 Sprachen übersetzt und Vorlage für Filme, Theaterstücke, Ballett- und Opernfassungen. Sie ist die erste Frau in der Männer-Riege der lateinamerikanischen Boom-Literatur und hat den nachfolgenden Autor(inn)en den Weg bereitet. Allende kann sich mit der Ehrendoktorwürde renommierter Universitäten und vielen angesehenen Preisen schmücken, unter anderen dem Gabriela-Mistral-Preis – der höchsten kulturellen Auszeichnung Chiles; sie ist Mitglied der chilenischen Akademie der Sprache sowie Chevalier im französischen »Ordre des Arts et des Lettres«.

Dass ihre Bücher sich so gut verkaufen, wird ihr gerne zum Vorwurf gemacht. Sie habe einen Hang zu Melodrama und Kitsch und wiederhole nur allzu gern bewährte Erzählmuster und Figuren. In ihren zahlreichen Interviews – in denen sie sich meist charmant, witzig und ironisch gibt – entgegnet Allende dann entwaffnend: »Ich habe keine Angst vor ein wenig Kitsch, aber natürlich gibt es da eine Grenze. Und wer bestimmt eigentlich, was Kitsch ist? Die Männer!«

Ähnlich humorvoll kann sie den beständigen Vergleich ihres Bestsellers *Das Geisterhaus* mit García Márquez' Roman *Hundert Jahre Einsamkeit* ertragen, auch wenn sie sich manchmal wünscht, Autorinnen würden nicht immer nur in Relation zu und in Abhängigkeit von ihren männlichen Kollegen beurteilt. Schließlich zeichnen gerade der menschlich-humorvolle Stil und die weibliche Perspektive, die den Blick auf soziale Ungerechtigkeiten und patriarchale Machtverhältnisse lenkt, ihr Erstwerk aus.

Ende der 1960er Jahre nahm Isabel Allende in ihren journalistischen Beiträgen bissig und ironisch Doppelmoral und ungerechte Rollenverteilung aufs Korn. Als berufstätige Ehefrau und Mutter von zwei Kindern war sie für das Chile jener Zeit mehr als emanzipiert, auch wenn sie ihrem Ehemann stets die Wäsche für den nächsten Tag herauslegte.

Allende, die sich selbst als Feministin bezeichnet – »keine Frau, die auch nur eine Sekunde lang über ihre Zukunft nachdenkt, könnte etwas anderes sein« –, entwickelt in ihren Romanen starke und durchsetzungsfähige Frauenfiguren, die nach Freiheit und Unabhängigkeit streben. Und sie wird dafür von ihrer in erster Linie weiblichen Leserschaft geliebt.

Das Schreiben wurde Allendes Rettungsanker, als 1991 ihre Tochter Paula ins Koma fiel und im Jahr darauf starb. Das Ergebnis ihrer literarischen Bewältigung war der autobiographische Roman *Paula*, dessen Offenheit und Mut Millionen von Menschen beeindruckt hat; in einer Flut von Leserbriefen bedankten sich Allendes Leser für die Bereicherung, die Kraft und den Trost, die ihnen dieses Buch gegeben hatte.

Schreiben ist für Allende existentiell; als sie jedoch einmal nach ihrer größten Leistung im Leben gefragt wurde, antwortete sie: »Mutter zu sein. [...] Die Erinnerungen meiner Kinder und Enkelkinder und meine Liebe zu ihnen, die sind wichtig für mich, die sind es, die mich in meinen Augen als Person definieren. Sie rechtfertigen meine Existenz.« Für Allende ist die Familie sehr wichtig, wobei sie diese weit fasst: Ernesto, den Mann ihrer verstorbenen Tochter, und seine neue Frau behandelt sie wie ihre eigenen Kinder. Ähnlich ergeht es ihr mit der zweiten Frau ihres Sohnes Nicolás. Sie hat sie alle um sich geschart und in ihr Leben und in ihr Schreiben eingebunden. Sie lebt in ihrem Haus in Kalifornien umgeben von ihrer Familie, ihren Freunden und ihren Büchern.

Francisca »Panchita« Llona Barros mit der kleinen Isabel und dem
neugeborenen Francisco in Lima, 1944

Leben

»Meine Kindheit war nicht unbeschwert, aber sehr wohl interessant« (1942-1958)

Isabel Allende wird mitten im Zweiten Weltkrieg geboren, am 2. August 1942, aber von diesem »europäischen« Krieg ist im entfernten Südamerika wenig zu spüren. Sie ist das erste Kind von Tomás Allende und Francisca Llona, die ein Jahr zuvor geheiratet hatten. Isabels Großvater ist gegen diese Verbindung, denn sein Schwiegersohn ist knapp 15 Jahre älter als seine Tochter und zudem – undenkbar für den konservativen Patriarchen – Atheist und Freimaurer. Isabel kommt in Lima zur Welt, weil Tomás Allende dort kurz nach der Hochzeit den Posten des Sekretärs der chilenischen Botschaft antritt. Er ist ein extravaganter, weltgewandter Dandy, der nicht zum Ehemann und Vater taugt. Die Ehe verläuft wenig glücklich und ist nur von kurzer Dauer: Mit mehreren Unterbrechungen sind die Eheleute nur vier Jahre zusammen.

Tomás Allende Pesce de Bilbaire (1906-1970) Francisca Llona Barros (*1920)

Geburt in Lima

Allendes Mutter Francisca, eine künstlerisch begabte und sehr attraktive junge Frau, wird von allen »Panchita« genannt. Sie verlässt ihren Mann und kehrt mit ihrer kleinen Tochter Isabel zu ihren Eltern zurück. Der Auszug aus dem ehelichen Heim bedeutet innerhalb der chilenischen Gesellschaft einen Tabubruch, »denn eine Frau hatte bei ihrem Ehemann zu bleiben, ohne zu murren, auch wenn dieser noch so übel war. Man mußte um jeden Preis einen Skandal vermeiden« (Allende; zit. n. CZ, S. 28). In Santiago bemerkt sie, dass sie ein zweites Mal schwanger ist; 1944 wird Francisco Tomás geboren, den alle bald nur noch »Pancho« nennen. Um weiteres Gerede zu vermeiden, kehrt die junge Mutter wieder nach Lima zu ihrem Ehegatten zurück, doch es ist zwecklos: Sie fühlt sich allein gelassen und deprimiert, er führt weiterhin das ausschweifende Leben eines Junggesellen voller Extravaganzen und seltsam mysteriöser Unternehmungen, und die Schulden häufen sich. Eines Tages legt er sein Amt in der Botschaft nieder und verschwindet ohne eine Nachricht.

Der chilenische Konsul in Lima, Ramón Huidobro, von der Regierung angewiesen, sich um die verlassene Ehefrau zu kümmern, wird in der Wohnung der Allendes im eleganten Stadtteil Miraflores vorstellig. Wie in einem Liebesroman verliebt sich der verheiratete vierfache Vater und Neffe eines Bischofs auf den ersten Blick in die junge Frau, die erst kurze Zeit vorher ihr drittes Kind bekommen hat, und schwört ihr, von nun an immer für sie zu sorgen. Auch auf sein Anraten hin verlässt Francisca Llona 1945 mit drei Kindern und einem **Rückkehr** Dienstmädchen die Stadt und kehrt nach Santiago zurück. **nach Santiago** Für die Überfahrt mit dem Dampfer von Peru nach Valparaíso sorgt Ramón Huidobro, von allen später nur noch »Onkel Ramón« genannt. Isabel ist drei Jahre alt, als sie vom Schiff gehen, »Pancho«, auf dem Arm von Margara, dem Dienstmädchen, ist anderthalb, und Juan gerade zwei Monate.

Scheidung ist im Gesetz nicht vorgesehen. Die Annullierung einer Ehe – bis vor kurzem die einzige Möglichkeit einer (mehr oder weniger) legalen Trennung, denn erst im April 2004 wurde die Ehescheidung in Chile gesetzlich erlaubt – kostet Zeit und Geld. Panchita Llona ist als Alleinerziehende dem Gerede der chilenischen Gesellschaft ausgesetzt, die gewohnheitsmäßig den Frauen die Schuld gibt. Ihre Ehe wird problemlos aufgelöst, da sie die Bedingung ihres Mannes akzeptiert, nie Unterhalt für die Kinder zu fordern; bei Ramón Huidobro ist es nicht so einfach, da seine Ehefrau nicht in die Scheidung einwilligt.

Während ihrer zweijährigen Trennung schickt Ramón Panchita glühende Liebesbriefe aus Lima, die sie nur zum Teil

»Mir ist durch die legendäre Liebe zwischen meiner Mutter und Onkel Ramón schon in meiner Kindheit vorgelebt worden, daß Liebe alles vermag. Diese beiden Menschen haben einzig und allein mit ihrer Leidenschaft alle Hindernisse beiseite geräumt, und das in einem Land, in dem es keine Scheidung gab, und in einem Umfeld, das von streng katholischen und konservativen Werten geprägt war. Es war die pure Leidenschaft, wie im Roman, denn das sind keine zwei Menschen, die sich ergänzen, keine verwandten Seelen, die in stürmischen Zeiten zueinandergefunden haben.« (Isabel Allende im Gespräch mit Celia Correas Zapata; zit. n. CZ, S. 157)

Leben

Der Großvater
Augustín Llona
Cuevas und
die Großmutter
Isabel Barros
Moreira

aufmuntern. Angewiesen auf die Hilfe ihrer Eltern, in deren Haus die Familie lebt, und getroffen von den Anfeindungen der feinen Gesellschaft macht ihr die Perspektivlosigkeit ihrer Liebschaft zu schaffen: Sie wird oft krank und ist von Migräneanfällen geplagt. Die kleine Isabel fürchtet dann, ihre Mutter zu verlieren und zu ihrem Vater zurück zu müssen. Nach einigem Hin und Her zwischen den Verliebten ergreift Großvater Agustín die Initiative und zitiert den Bewerber zu sich: Ramón Huidobro gelobt ewige Treue, die das Familienoberhaupt mit den Worten quittiert: »Ich rate Ihnen, behüten Sie sie mir gut. Beim ersten bösen Streich werden Sie es mit mir aufnehmen müssen, haben wir uns verstanden?« (Zit. n. P, S. 74)

Isabel lebt bei ihren Großeltern, bis sie zehn Jahre alt ist. Dem Gebäude in der Calle Suecia 81 im eleganten Viertel Providencia wird Isabel Jahre später mit dem *Geisterhaus* ein literarisches Denkmal verleihen. Und nicht nur die vielen Räume voller Kuriositäten, Bücher, Fotos und Liebesbriefe, auch viele der exzentrischen Personen, ungewöhnlichen Erlebnisse und spannenden wie exotischen Geschichten aus dieser Zeit finden sich in ihrem weltbekannten Erstling: Ihre Großmutter, von ihr immer liebevoll »Memé« genannt, ist das Vorbild für Clara del Valle, Esteban Trueba trägt viele Züge von »Tata«, Allendes Großvater Agustín. Man muss nur Allendes Erinnerungen in *Paula* oder *Mi país inventado* (2003, dt. *Mein*

Vgl. S. 68 ff.

Vgl. S. 89 ff.,
107 ff.

erfundenes Land, geplant für 2006) lesen, um die Parallelen zu sehen.

Diese frühen Jahre mit ihren Großeltern, vor allem mit ihrem Großvater, denn ihre Großmutter starb schon 1945, haben Isabels Persönlichkeit und ihren Charakter stark geprägt, ihr Freiheitsgefühl, ihr Streben nach Unabhängigkeit und ihr Perfektionismus genauso wie ihren Erfolgsdruck, ihre hohen Ansprüche an sich selbst und ihren Ehrgeiz: »Ich bin mit all seinen Redensarten über harte Arbeit und Lebenskampf [...], ernsthaftes Bemühen und Fleiß aufgewachsen«, erklärt Allende in einem Gespräch und zählt die großväterlichen Maximen auf, die ihr eingebläut wurden: »Vertraue niemandem«, »Erwarte von anderen nicht, was du nicht von dir selbst oder deiner Familie erwarten könntest«, »Sei auf der Hut«, »Sei

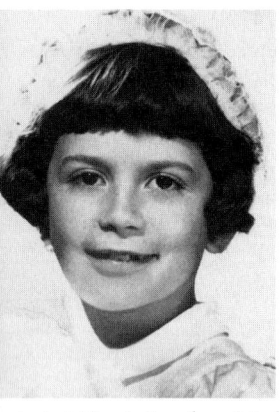

vorsichtig, wenn du Menschen begegnest, die anscheinend nur das Beste wollen«, »Lass dich nicht hereinlegen«, »Verlass dich ausschließlich auf dich selbst und auf deine Familie« (zit. n. R, S. 250 f.).

Vermutlich ist es die Begeisterung für spannende Erzählungen, gepaart mit ihrer Schüchternheit und dem Gefühl, eine Außenseiterin zu sein, was Isabel Allende in ihrer Kindheit und Jugend zu einer eingefleischten Leseratte macht; sie vergräbt sich in der Wohnung und liest alle Bücher, die Onkel Pablo ihr schenkt. Sie verschlingt Abenteuerromane von Jules Verne, Emilio Salgaris *Sandokan* und *Der schwarze Korsar*, Titel von Jack Lon-

Isabel Allende in ihrem Kommunionskleid, 1950

don, Mark Twain und Oscar Wilde und vertieft sich später sogar in die Schriften Freuds und des Marquis de Sade, allerdings mit mäßiger Begeisterung. Und natürlich möchte sie Schriftstellerin werden, so wie Agatha Christie vielleicht ...; sie denkt sich dramatische Geschichten aus, mit denen sie ihre Brüder gleichzeitig fasziniert und in Angst und Schrecken versetzt.

Sie sieht sich selbst als aufsässiges und rebellisches Kind, ja sogar als unbeliebt, schwierig und einzelgängerisch, als Kind, das sich mit einer blühenden Phantasie eine eigene Welt erschafft (vgl. P, S. 78 f.). Ihr ausgeprägter Gerechtigkeitssinn

Isabel mit ihrer Mutter, 1949

lässt sie nicht einsehen, warum sie als Mädchen stricken lernen soll, während ihre Brüder spielen dürfen, oder warum die Dienstboten im Haus der Großeltern in »dunklen feuchten Löchern« (vgl. Allende; zit. n. CZ, S. 75) leben müssen. Im Rückblick bezeichnet sie ihre Kindheit als eine sehr unglückliche, »eine schreckliche Phase, eine Zeit der Dunkelheit und des Schmerzes« (Allende; zit. n. R, S. 267).

Umzug nach La Paz, Bolivien 1953 nimmt Ramón Huidobro in der bolivianischen Hauptstadt La Paz die Stelle des Botschaftssekretärs an; die ungewöhnliche Familie bestreitet die Reise ins Hochland per Auto, Schiff und Zug. Während der Fahrt versenkt sich die zehnjährige Isabel in eine Weltkarte und liest gebannt in Shakespeares Gesammelten Werken – beides Geschenke von Onkel Ramón. Ihre Mutter gibt ihr ein Heft, in das sie mit kindlichem Eifer täglich ihre Eindrücke notiert; heute würde sie »dieses kitschige Tagebuch« (MPI, S. 131) am liebsten zerstören, aber ihr Sohn Nicolás rückt es nicht heraus. Mit gleichem Eifer schreibt sie Briefe an den Großvater, an Onkel Pablo und an die Eltern von Freundinnen. »Seit damals schreibe ich fast jeden Tag; es ist die am tiefsten verwurzelte Gewohnheit, die ich habe.« (Ebd., S. 130)

Die Familie verbringt zwei Jahre in La Paz, wo Isabel gemäß den progressiven Vorstellungen Ramón Huidobros eine gemischte nordamerikanische Privatschule besucht. Weil sie nun ständig Jungs um sich herum hat, habe sie sich auch täg-

»Kaum hatten wir die Grenze überschritten, hatte ich eine erste Ahnung von der Weite der Welt und ich bemerkte, dass niemand, aber auch wirklich niemand wusste, wie eigen meine Familie war. Ich lernte schnell, wie man sich fühlt, wenn man zurückgewiesen wird. Ab dem Zeitpunkt, an dem wir Chile verlassen und begonnen hatten, von einem Land ins nächste zu ziehen, verwandelte ich mich in das neue Mädchen des Viertels, die Ausländerin in der Schule, die Seltsame, die sich anders anzog und noch nicht einmal so reden konnte wie alle anderen.« (So beschreibt Isabel Allende fast 50 Jahre später diese Zeit aus stetem Abschied und Neuanfang, *Mi país inventado*, S. 97 f.)

lich in einen anderen verliebt, ein schlaksiger mit außerordentlich großen Ohren ist ihr besonders in Erinnerung geblieben.

1955 wird Onkel Ramón als Generalkonsul verschiedener arabischer Länder in den Libanon berufen. Mit dem ihr eigenen trockenen Humor bemerkt Allende, dass ihr die englische Erziehungsanstalt, die sie in Beirut besuchte, Stoizismus und einen eisernen Magen eingebracht habe. Sie hat außerhalb der Schule wenig Kontakt zu Gleichaltrigen und liest heimlich die verbotenen Bücher aus Onkel Ramóns Bücherschrank. Dort entdeckt sie ihre Begeisterung für die Märchen aus *Tausendundeiner Nacht* und erlebt eine (literarische) Offenbarung ähnlich der, die sie Jahre später ihre Romangestalt Eva Luna widerfahren lässt.

Umzug in den Libanon

Vgl. S. 80, 82

> »Eines Tages erzählte die Lehrerin Riad Halabí von einer spanischen Ausgabe der ›Geschichten aus Tausendundeiner Nacht‹, und von seiner nächsten Reise brachte er sie mir als Geschenk mit, vier große, in rotes Leder gebundene Bände, in die ich mich versenkte, bis ich die Umrisse der Wirklichkeit aus den Augen verlor. Ihre Erotik und ihre Phantasie traten in mein Leben mit der Gewalt eines Hurrikans, der alle Grenzen niederriß und die wohlbekannte Ordnung der Dinge durcheinanderwirbelte.« (Isabel Allende, *Eva Luna*, S. 196)

Von einem englischen Matrosen bekommt sie ihren ersten Kuss auf einer Kunsteisbahn; verwirrende Gefühle und körperliche Veränderungen beschäftigen sie wie alle Heranwachsenden. Aufgrund der Sicherheitsvorkehrungen im Krisengebiet Beirut kommt sie sich fast wie eine Gefangene vor: In der Schule sieht sie nur Mädchen und zu Hause nur ihre Familie. Ganz selten hat sie Besuch, manchmal kommt ein Junge steinreicher Eltern vorbei, aber selbst auf seinem Mofa wird er von einem Chauffeur gefahren und von diesem genauso vorbildlich bewacht wie Isabel von ihrer Mutter.

Es ist für alle Familienmitglieder keine einfache Zeit. Panchita Llona leidet unter dem Klima, der frauenfeindlichen Mentalität und ihrer bedrängten finanziellen Lage, denn obwohl sie

Allendes Mutter
Panchita mit
Ramón Huidobro
(in den 1960er
Jahren)

eine Diplomatenfamilie sind, bedeuten Kino oder Schlitt-
schuhbahn schon Luxus; eine Situation, die sie nur als »Ex-
pertin in der hohen Kunst, ohne Geld den Anschein zu wahren« (P, S. 96) zu meistern versteht. Diese alltäglichen Sorgen
belasten die Beziehung von Panchita und Ramón; sie sind
zwar äußerst verschieden, doch beide sind dominant und
streiten oft fürchterlich. Onkel Ramón würde seine eigenen
Kinder gerne öfter sehen, und er hat es nicht leicht, von seinen Stiefkindern akzeptiert zu werden: Isabel betrachtet ihn
als Eindringling in der engen und vertrauten Beziehung, die
sie mit ihrer Mutter verbindet, und will ihm das Leben »un-
möglich« (MPI, S. 95) machen, doch Ramón Huidobro kann
sich heute an einen »Krieg« zwischen ihm und seiner Stief-
tochter gar nicht erinnern. Er lehrt sie, rhetorisch geschickt zu

»Onkel Ramón bewahrte seinen unbeugsamen Optimismus. Mit meiner Mutter hatte er sehr viele Probleme, ich habe mich oft gefragt, was sie eigentlich in jener Zeit zusammenhielt, und die einzige Antwort, die mir einfiel, ist die Reißfestigkeit einer Leidenschaft, die in der Entfernung geboren, mit romantischen Briefen genährt und durch einen wahren Berg von Hindernissen gefestigt wurde.« (Isabel Allende, *Paula*, S. 96)

diskutieren, und gibt ihr einen Rat, der sie ihr ganzes Leben begleiten wird: »Denk immer daran, dass die anderen mehr Angst haben als du.« (P, S. 103)

Isabel hat noch mehrere Halbgeschwister: Tomás Allende hatte einen Sohn aus einer früheren Beziehung und drei Kinder mit einer dritten Frau; seltsamerweise, so Allende (vgl. P, S. 222 f.), hat er diesen Kindern dieselben Vornamen gegeben: Isabel, Juan und Francisco.

Kurz nach der Suezkrise 1958 muss sich die Familie trennen; die Kinder werden zum Großvater nach Chile zurückgeschickt, die Mutter und Onkel Ramón bleiben, bis er drei Monate später in die Türkei versetzt wird.

Erwachsenwerden: »Frau zu sein war ein offensichtliches Pech« (1959-1966)

Die Trennung bedeutet einen entscheidenden Einschnitt in Isabels Leben. Als ältestes Kind fühlt sie sich schon früh verantwortlich für die Mutter und will ihr, wie häufig bei Scheidungskindern, den verlorenen Partner ersetzen. Die große Vertrautheit und Nähe werden nun brieflich aufrechterhalten; schon im Flugzeug zurück nach Chile beginnt Isabel ihren ersten Brief, und von da an schreiben sich die beiden fast täglich, in besonders schwierigen Phasen sogar mehrmals am Tag. Sie teilen einander alles mit, was sie bewegt und um sie herum geschieht, auch wenn sie die Briefe vielleicht nicht gleich abschicken können oder die Post Wochen braucht, bis sie ihr Ziel erreicht. Bis zum heutigen Tag stehen sie so in engem Kontakt. Allende setzt sich am Morgen hin und schreibt, was am Tag vorher passiert ist. Über diese briefliche Leiden-

»Ein Leben ohne das geschriebene Wort und eine Freundschaft ohne Briefkontakt ist für mich nur schwer vorstellbar. Ich finde es schön, Post zu bekommen, ein Kuvert mit bunten Briefmarken in der Hand zu halten. Nichts ist mit einem solchen handgeschriebenen Brief vergleichbar, der eine kleine Reise hinter sich hat, wenn er an meiner Tür ankommt. Ich öffne ihn und höre ganz deutlich die Stimme des Absenders; an der Form der Buchstaben kann ich seine Gemütsverfassung erkennen. Deshalb schreiben meine Mutter und ich uns so wie früher, auf Fax und E-Mail greifen wir nur im Notfall zurück. Ein Brief hat etwas Persönliches, Unverletzliches, Intimes, was die modernen Medien nicht haben. Die Vorstellung, Onkel Ramón könnte das Fax lesen, läßt meine Mutter und mich etwas zugeknöpfter werden.« (Isabel Allende im Gespräch mit Celia Correas Zapata; zit. n. CZ, S. 174)

Vgl. S. 23 f. schaft wird sie Jahre später ihre erste Festanstellung als Journalistin bekommen.

Isabel erhält in Chile Privatunterricht, ihr Großvater lehrt sie Geschichte und Geographie, und sie beschließt die weiterführende Schule mit sehr guten Noten. Studieren will sie nicht, denn ihr erscheint es wichtiger, finanziell unabhängig zu sein, frei nach der Überzeugung ihres Großvaters: »Wer die Rechnung zahlt, bestimmt.« (MPI, S. 146) Eine Sekretärinnenausbildung bricht sie vorzeitig ab, stellt sich aber dennoch bei der FAO vor, der Welternährungsorganisation der Vereinten Nationen in Santiago. Sie gibt vor, den Chef zu kennen, verfasst als Beweis ihrer beruflichen Fähigkeiten einen schmachtenden Liebesbrief und – wird angestellt, so die Legende. In Wirklichkeit ist es vermutlich die Mischung aus Allendes Auftreten und den Beziehungen ihres Stiefvaters, die ihr zu dem Job verhilft.

Berufliche Anfänge

Sie arbeitet für den Informationsdienst der FAO und muss zu Anfang Statistiken zur Forstwirtschaft führen, später wechselt sie in die Abteilung für Öffentlichkeitsarbeit. Das staatliche Fernsehen bietet der Organisation einen Sendeplatz, um über die Unterernährung in der Welt zu berichten. Am Tag der ersten Sendung muss Allende ihren erkrankten Chef vertreten:

»Mir schien, als Frau geboren zu sein, war ein offensichtliches Pech; Mann zu sein, war viel einfacher. So wurde ich zu einer Feministin, lange bevor ich das Wort kannte. Den Wunsch, unabhängig und selbstbestimmt zu sein, habe ich schon so lange, dass ich mich nicht an einen Moment erinnern kann, in dem er nicht meine Entscheidungen beeinflusst hätte.« (Isabel Allende, *Mi país inventado*, S. 143)

Ihre überzeugende Improvisation bringt ihr die Gesamtverantwortung für die nun wöchentlichen Sendungen ein, in denen sie sich vom Filmmaterial über Drehbuch und Moderation bis hin zum Abspann um alles selbst kümmern muss. Das ist für sie zwar völliges Neuland, doch auch das Medium selbst steckt noch in den Kinderschuhen, und so beginnt ihre Fernsehkarriere.

»Mein Großvater nahm die Nachricht gekränkt auf; er sah diese [Arbeit beim Fernsehen] als eine Beschäftigung von Gaunern an [...]. Ich glaube jedoch, dass er sich insgeheim meine Fernsehbeiträge ansah, denn manchmal entschlüpfte ihm der eine oder andere verräterische Kommentar.« (Isabel Allende, *Mi país inventado*, S. 148)

Isabel war mit 15 nach Santiago zurückgekehrt; damals hatte **Erste Liebe** sie den fünf Jahre älteren Miguel Frías kennen gelernt. »Michael«, wie er zu Hause genannt wird, stammt aus einer englischen Familie, die schon seit Generationen in Chile lebt. Michaels Eltern pflegen ihre britischen Lebensgewohnheiten und betrachten Großbritannien noch immer als ihre Heimat. Michael ist groß, schlank, höflich und durch und durch englisch. Sein Vater ist ein konservativer, im Alter etwas neurotischer Mann, der bei einer Kupferförderungsgesellschaft in Nordchile gearbeitet hat. Seine Mutter, die Isabel später immer nur »Granny« nennen wird, ist eine großmütige und fürsorgliche Frau.

Als Isabel 19 ist, geben sie und Michael ihre Verlobung bekannt. Das Paar lässt sich zu einer früheren Hochzeit über-

An ihrem Hochzeitstag mit ihren Brüdern Juan und Francisco, 1962

reden – Isabels Mutter besteht auf geordneten Verhältnissen –, obwohl Michael seinem Vater versprochen hat, erst sein Studium der Ingenieurswissenschaften abzuschließen. Am 8. September 1962 heiraten Isabel Allende und Michael Frías; Trauzeuge ist Salvador Allende, denn die Braut weigert sich, ihren Vater einzuladen. Sie wohnen zu Anfang im leer stehenden Landhaus von Panchita Llona und Ramón Huidobro, der als Diplomat in Genf bei den Vereinten Nationen arbeitet; später beziehen sie einen Neubau mit Garten in der Nähe ihrer Schwiegereltern. Am 22. Oktober 1963 wird Paula, ihr erstes Kind, geboren. Während Isabel bei der FAO und im Fernsehen arbeitet, kümmert sich die Granny um die kleine Paula.

Im Herbst 1965 fliegen Isabel und Michael als Stipendiaten mit der knapp zweijährigen Paula nach Brüssel; sie wollen so viel wie möglich von der Welt sehen, bevor sie noch weitere Kinder bekommen. Sie mieten eine kleine Wohnung in der belgischen Hauptstadt. Michael bildet sich in Ingenieurswissenschaften weiter und Isabel belegt Kurse in Journalismus. In dieser Zeit sind sie oft in Genf auf Besuch bei Isabels Mutter

»Dank dieser Diät [aus Bratkartoffeln und Pferdefleisch] reichte uns das Geld, um Europa von Andalusien bis Oslo zu durchreisen, und zwar in einem altersschwachen Volkswagen, den wir in einen Zigeunerkarren umgewandelt hatten und der mit einem Haufen Siebensachen auf dem Dach niesend über die Straßen klapperte. [...] Monatelang wohnten wir in einem Zelt, du glaubtest, es gäbe gar keine andere Art zu leben, Paula, und wenn wir in ein festes Haus traten, fragtest du verwundert, wie man denn die Wände zusammenfaltet, um sie auf dem Auto unterzubringen.« (Isabel Allende, *Paula*, S. 201)

Leben

Mit Studienkolle-
gen in Belgien,
1966

und Onkel Ramón. Mehrere Monate reisen sie quer durch
Europa von einer Sehenswürdigkeit zur anderen. Isabel erwartet das zweite Kind, und sie kehren 1966 nach Chile zurück.
Gegen Ende der Schwangerschaft bleibt sie auf ärztliches Anraten zu Hause und auch, so Allende, weil »ich irrigerweise
annahm, ich könnte mich als Hausfrau und Mutter selbst verwirklichen« (zit. n. CZ, S. 59). Sie übersetzt Liebesromane im
Stil von Barbara Cartland aus dem Englischen und bereitet
sich auf ihren Sohn Nicolás vor, der am 2. Dezember 1966 in
einer »schwierigen Geburt« zur Welt kommt, die ihr mehr
Erinnerungen hinterlässt als das ganze Jahr ihrer Europareise (vgl. P, S. 204). Unterstützung im Haushalt erhält sie von
»Großmutter« Hilda, der Schwiegermutter ihres Bruders Pancho, einer warmherzigen und gütigen Frau, die Isabel schon
bei Paulas Geburt beigestanden hatte.

Europaaufent-
halt 1965 bis
1966

Geburt des
Sohnes Nicolás

Aufbruch und Ernüchterung (1967-1975)

Dramatisch schildert Allende ihr Hausfrauendasein: »Bald
wurde mir aber klar, daß mir diese Rolle nicht liegt. Als dann
das Angebot kam, für die Zeitschrift *Paula* zu schreiben,
fühlte ich mich wie der Ertrinkende, dem man einen Ret-
tungsring zuwirft.« (Allende; zit. n. CZ, S. 59) Das Angebot
unterbreitet ihr Delia Vergara, eine Freundin ihrer Mutter, die
mehrere von Allendes Briefen gelesen hat. Ihr gefällt der lo-

ckere, humorvolle Stil, und sie bietet der jungen Frau eine
Stelle in ihrem Modemagazin *Paula* an. Von 1967 bis 1974
Arbeit für wird Allende für *Paula* arbeiten. Die Zeitschrift, die alle 14
die Zeitschrift Tage in Chile, Uruguay, Venezuela und Mexiko erscheint, ist
»Paula« zwar auf die Damen der bürgerlichen Oberschicht zuge-
schnitten, propagiert aber neben den Beiträgen zum Neuesten vom Laufsteg deutlich feministische Ideen und gesellschaftliche Tabuthemen wie Scheidung, Abtreibung, Sex,
Prostitution, Drogen und Korruption. Allende ist zuständig
für die humoristische Kolumne »Los impertinentes« (»Die
Unverfrorenen«) und gehört zum engeren Redaktionskreis; in
»Notsituationen« übernimmt sie auch Horoskope, Kochre-
zepte und die Rubrik für einsame Herzen. Allende bezeichnet
sich Jahrzehnte später als »die falsche Art Journalist« (zit. n.
GL, S. 175), weil sie keine Probleme damit hatte, maßlos zu
übertreiben, parteiisch, subjektiv oder emotional zu sein.
Erstes Buch Der Verlag Lord Cochrane, der die Zeitschrift herausgibt, veröffentlicht 1974 eine Auswahl von Allendes Kolumnen unter
dem Titel *Civilice a su troglodita* (»Zähmen Sie Ihren Stein-
zeitmenschen«). Das erklärte Ziel des Büchleins besteht darin,
den Partner listenreich in die Abhängigkeit zu führen und ihn
dabei immer im Glauben seiner Überlegenheit zu lassen. Ge-
schmückt mit Illustrationen in symbolträchtigem Lila, ist der
ironische »Erziehungsratgeber« in Bereiche wie Ernährung,
Berufsleben, Freundschaft oder Sex gegliedert. Schon hier
findet sich Allendes unterhaltsamer Ton, die versteckte Kritik
ihrer Gesellschaftsporträts und ihre Ironie in der Über-
zeichnung männlicher und weiblicher Stereotype, die sie in

> »Das Ziel dieses Buches besteht darin, dass Sie, geschätzte
> Dame, Ihren Steinzeitmenschen zu zähmen lernen und ihn in
> ein relativ angenehmes, hygienisches, handliches und ästheti-
> sches Wesen verwandeln können. Auch wenn unser Vorhaben
> ehrgeizig ist, sind wir der Meinung, dass der Versuch der Mühe
> wert ist.« (Isabel Allende, *Civilice a su troglodita*; zit. n. Veró-
> nica Cortínez, »El pasado deshonroso de Isabel Allende«,
> S. 1136)

Leben

Isabel Allende im Jahr des Militärputsches, 1973

Vgl. S. 93 ff.

humorvollen Texten wie *Aphrodite* sowie sparsamer eingesetzt auch in ihren Romanen und Erinnerungen weiterführen wird.

Allende – in ihrer Kolumne schnell mit Spott bei der Hand – gelingt der Schritt in die Emanzipation nicht auf allen Gebieten. Äußerlich und im Arbeitsleben entspricht sie völlig dem Bild der neuen Frau, die ihre Entscheidungen eigenständig trifft und sich nicht bevormunden lässt: Sie kleidet sich in wallende Hippiegewänder, liebt auffallende Farben und bemalt ihren Citroën mit großen bunten Blumen. Sie ist seit ihrem 17. Lebensjahr berufstätig, arbeitet ganztags und war, während ihr Mann studierte, die alleinige Ernährerin der Familie.

Aber zusätzlich erfüllt sie noch die Rolle der vorbildlichen Ehefrau, die in ihrer »Freizeit« ihren Mann bedient, den Haushalt erledigt und sich um die Kinder kümmert. Und außerdem noch Zeit findet, um Geschichten, Theaterstücke und Musicals zu schreiben. Michael geht früh aus dem Haus und kommt spät heim; er arbeitet freiberuflich in einem Architekturbüro, wo Überstunden Voraussetzung sind. Zwar übernimmt die Schwiegermutter die Kinderbetreuung, wäh-

Emanzipierte Frau – und Ehefrau und Mutter

rend Allende arbeiten geht, und eine Haushaltshilfe wohnt, wie in lateinamerikanischen Ländern üblich, mit in der Wohnung, aber dennoch reibt sich die junge Frau in dem so klassischen Dilemma vieler Frauen auf, in allen Bereichen das Beste geben zu wollen: als Berufstätige, als Mutter, als Ehefrau, als Geliebte.

> »Der Feminismus reichte bei mir nicht so weit, daß ich die häuslichen Arbeiten verteilt hätte, tatsächlich kam mir dieser Gedanke gar nicht in den Kopf, ich glaubte, die Befreiung bestehe darin, in die Welt hinauszugehen und sich auf die Pflichten der Männer zu stürzen, aber ich überlegte nicht, daß es auch darum ging, einen Teil meiner Last weiterzugeben. Das Ergebnis war große Müdigkeit, wie es Millionen Frauen meiner Generation geschah, die heute von den feministischen Bewegungen nichts mehr wissen wollen.« (So Allendes Resümee über 20 Jahre später; *Paula*, S. 217)

Anfang der 1970er Jahre liest sie die feministischen Klassiker; Delia Vergara, für Allende eine Frau, »hinter deren aristokratischem Aussehen sich ein eiserner Wille und ein subversiver Intellekt verbargen« (P, S. 208), hat ihr einen ganzen Stapel einschlägiger Literatur zur Verfügung gestellt, um die »romantischen Nebel« (ebd.) aus ihrem Gehirn zu vertreiben; Allende findet in Simone de Beauvoirs *Das zweite Geschlecht* oder Germaine Greers *Der weibliche Eunuch*, der Bibel der Frauenbewegung, das formuliert, was sie schon immer verstört und geärgert hat, zudem, wie bei Greer, in einem witzigironischen Stil, der sie sehr anspricht und sie in ihrer eigenen Schreibweise bestätigt. Ihre bissig-humorvollen Kolumnen gegen den chilenischen »machismo« bringen ihr begeisterte Anhänger ein, sogar unter den männlichen Lesern: »Viele meiner Fans waren Männer, die mir sehr nette Briefe schrieben, in denen sie meinen Bemerkungen über die Steinzeitmachos Beifall zollten.« (Allende; zit. n. CZ, S. 62)

1970 erhält Ramón Huidobro einen Posten im Außenministerium und kehrt mit Panchita Llona aus der Schweiz zurück; Allende freut sich darüber, die beiden wieder in der Nähe zu haben. In dieser Zeit werden die Probleme von Michaels Eltern sichtbar; sein Vater zieht sich mehr und mehr von seiner Umwelt zurück, und seine Mutter hat ein Alkoholproblem. Als Beispiel für Paulas Reife erzählt Allende oft, wie ihre Tochter schon als Kind die vielen leeren Flaschen der Großmutter versteckte, damit niemand deren Sucht bemerkte.

Im gleichen Jahr erhält Isabel Allende einen Anruf vom Leichenschauhaus mit der Bitte, einen Mann zu identifizieren, der auf der Straße an einem Herzinfarkt gestorben ist und dessen Papiere ihn als Francisco Tomás Allende ausweisen. Sie befürchtet, dass es sich um ihren vermissten Bruder Francisco handelt.

> »Am Tag darauf schritten wir [Isabel und ihr Bruder Juan] auf dem Hauptfriedhof hinter dem Sarg dieses Unbekannten, kaum jemand sonst kam zu dem kläglichen Begräbnis, mein Vater hinterließ auf dieser Erde nur wenig Freunde.« (Isabel Allende, *Paula*, S. 223)

Er hatte sich einer Sekte angeschlossen und war einige Monate vorher ohne Nachricht verschwunden. Isabel erkennt den Toten jedoch nicht, woraufhin Ramón Huidobro gerufen wird, der die Leiche von Tomás Allende identifiziert, Isabels leiblichem Vater.

Tod des Vaters

In dieser Zeit ist Chile geprägt vom Wahlkampf. Die Reformpolitik des Christdemokraten Eduardo Frei Montalva (1964-1970) hatte die politischen Auseinandersetzungen verschärft: Die Rechte wollte die Reformen rückgängig machen, die Linke neigte durch das Vorbild Kuba zu revolutionären Lö-

> »Eduardo Frei [...] bereitete viele jener Sozialreformen vor, die später von der Volksfrontpartei Salvador Allendes realisiert werden sollten: die ›Chilenisierung‹ der Industrie, besonders der Kupfergruben, die Agrarreform, den sozialen Wohnungsbau, der das Heer der Obdachlosen reduzierte, und die eher mystische, von Maritain entlehnte Idee des ›Communitarianismus‹, die neben sozialen die allgemein menschlichen Gegensätze zwischen den Bürgern überbrücken sollte. Insgesamt ein Programm, das unter Frei nur teilweise verwirklicht wurde, aber in den Augen der Rechten ›dem Kommunismus den Weg bahnte‹.« (Dieter Kronzucker, *Der Tag des Kondors*, S. 61)

Die Regierung der Unidad Popular unter Salvador Allende

sungen. Am 4. September 1970 gewinnt der Kandidat der Unidad Popular (Volkseinheit), der Marxist Salvador Allende (1908-1973), die Präsidentschaftswahlen mit einer knappen Mehrheit, was ihm in den folgenden Jahren das Regieren schwer machen wird. Das Ziel der Unidad Popular, einem Bündnis aus sechs Parteien des linken Spektrums, ist es, auf demokratischem Weg eine sozialistische Gesellschaftsordnung durchzusetzen.

Zu Anfang profitieren die unteren Schichten von den politischen Veränderungen im Land, von Beschäftigungsanstieg, höheren Löhnen, verbesserter Gesundheitsfürsorge und Umverteilung des Bodens, doch nach einem Jahr des Wachstums verschlechtert sich 1971 zusehends die wirtschaftliche und soziale Lage: teils aufgrund der von rechten Kräften im Land und den USA getragenen Destabilisierungsstrategie aus Sabotage und Wirtschaftsembargo, teils aufgrund schlichter politischer Fehlentscheidungen der Regierung.

»Seine [Salvador Allendes] Regierung sollte zu einem Fallbeispiel sozialistischer Inkompetenz werden.« (Dieter Kronzucker, *Der Tag des Kondors*, S. 62)

Isabels Stiefvater, Ramón Huidobro, wird gleich nach der Wahl zum chilenischen Botschafter in Argentinien ernannt und zieht mit Panchita Llona nach Buenos Aires. Alle zwei Monate trifft er sich mit dem Präsidenten in Santiago zu ausgedehnten Unterredungen, die mit großen Familienzusammenkünften im Haus Salvador Allendes verbunden werden. In dieser Zeit sieht Isabel Allende ihren »Onkel« oft und erlebt die politischen Diskussionen des Allende-Clans. Isabel Allendes Vater, Tomás Allende Pesce de Bilbaire, und Salvador Allende waren Cousins, sie ist also dessen Nichte zweiten Grades, in der Familie habe man ihn aber immer als »Onkel« bezeichnet. Sie beschreibt Salvador Allende als sehr charismatischen Mann mit einer gewinnenden Art, der selbst seine Gegner rhetorisch um den Finger wickeln konnte. Humorvoll, loyal

In ihrem Büro in Sausalito, Kalifornien, vor einem Porträt Salvador Allendes, 2002

Leben

»Im Gegensatz zu anderen Politikern, die man in der Zeitung oder im Fernsehen gesehen oder im Radio gehört hatte, machte Allende Politik, indem er von Haus zu Haus ging, im direkten warmherzigen Kontakt zu den Leuten wie ein Hausarzt, der er ja in Wirklichkeit auch gewesen war. Sein Verständnis des menschlichen Wesens, verbunden mit einem fast animalischen Instinkt für das politische Handwerk, rief widersprüchliche Gefühle hervor, die nicht zu klären waren. Als er bereits Präsident war, marschierte einmal bei einer Demonstration ein Mann an ihm vorbei, der ein ungewöhnliches Transparent trug: Das ist eine Scheißregierung, aber es ist meine Regierung. Allende erhob sich, applaudierte und stieg von der Tribüne, um dem Mann die Hand zu schütteln.« (Gabriel García Márquez, *Das Abenteuer des Miguel Littín*, S. 84)

»Allendes Triumph war für diese herrschende Klasse eine makabre Überraschung. Zum ersten Mal schwante ihnen, daß die so sorgfältig fabrizierten Gesetze sich gegen sie selbst richten könnten. So verließen sie mit ihren Aktien, ihren Juwelen, ihren Banknoten, ihren Goldmünzen fluchtartig das Land. Gingen nach Argentinien, Spanien, einige wanderten sogar nach Australien aus. Die Angst vor dem Volk hätte sie leicht bis zum Nordpol gejagt. Später sollten sie zurückkehren.« (Pablo Neruda, *Ich bekenne, ich habe gelebt*, S. 434)

und mutig sei er gewesen, nach seinem politischen Sieg auch ein wenig arrogant.

Ende des Jahres erhält Isabel ein Angebot vom Staatlichen **Fernsehkarriere** Fernsehen, eine eigene Sendung zu gestalten, und sie entscheidet sich für eine Comedy-Sendung; *La media naranja – Fíjate qué* (»Die bessere Hälfte – Stell dir vor«) ist in gewisser Weise eine optische Umsetzung ihrer Kolumne: Kritik am »machismo« bestehend aus »Improvisation, komische[r] Inszenierung, Einsatz der versteckten Kamera auf der Straße« (Herlinghaus 1994, S. 184). Unter dem Titel *Magacine Ellas* (»Magazin für Sie«; im Spanischen ein Sprachspiel aus den Wörtern ›Magazin‹ und ›Kino‹) entstehen unter Allendes Regie mehrere Kurzfilme, in denen vor allem Kinogängerinnen über neueste Trends und Produkte informiert werden, inklusive der Pille und anderen Verhütungsmitteln. Sie moderiert außerdem die Talkshow *Conversando con Isabel Allende* (»Im Gespräch mit Isabel Allende«) sowie Reportagen und Diskussionsrunden. Und sie erlangt damit eine ziemliche Berühmtheit.

Theaterarbeit Beeinflusst von der studentischen Protestbewegung und Forderungen nach Frieden und Freiheit schreibt Allende das Theaterstück *El embajador* (»Der Botschafter«). Die Idee dazu kommt ihr in den Sinn, als jemand ihrem Stiefvater kurz nach seiner Ernennung zum chilenischen Botschafter mit einem Augenzwinkern rät, er solle sich bloß vor Entführern in Acht nehmen. Im Stück wird ein Diplomat von drei Guerrilleros gefangen genommen und verbringt ein Jahr mit ihnen in einem Kellerloch. In langen Diskussionen und Wortgefechten kommen sich Geisel und Entführer näher und entwickeln mit der Zeit Verständnis für die Positionen des jeweils anderen, dennoch müssen die Entführer den Botschafter am Ende töten.

Die Schauspielerin Malú Gatica, eine von Isabels Tanten, stellt die Verbindung zur Theatergruppe »Compañía de los Cuatro« her. Während der Proben geht Allende auf die Änderungswünsche des Regisseurs und der Schauspieler ein, streicht allzu lange Monologe und arbeitet die Darsteller plastischer heraus. 1971 wird das Stück im Teatro Petit Rex in Santiago de Chile aufgeführt und bekommt gute Kritiken. Allende bemerkt im Nachhinein, wie produktiv diese »Lehrzeit« für sie war: »Damals lernte ich in wenigen Wochen, wofür andere jahrelang spezielle Schulen besuchen.« (Zit. n. CZ, S. 249 f.) Sehr hilfreich für ihre späteren Romane sei die Forderung nach stimmigen Charakteren gewesen, noch heute frage sie sich bei jeder Figur: »Redet diese Person so? Paßt ihr Verhalten zu ihrem Charakter, ihrer Biographie?« (Ebd.)

In dieser Zeit erhält sie zwei Auftragsarbeiten für Musicals. 1973 wird im Teatro El Túnel in Santiago die musikalische Komödie *La balada de medio pelo* (»Die Ballade vom Emporkömmling«) aufgeführt und 1974 im Theater des Französischen Kulturinstituts (»Sala Molière«) *La casa de los siete espejos* (»Das Haus der sieben Spiegel«). Das Stück mit dem Na-

Leben

»Zu [...] *Die sieben Spiegel* gehörte eine Ballettgruppe aus mehreren jungen, schönen und dicken Frauen, die wie der griechische Chor zwischen Tänzen und Gelächter die Geschichte erzählen. [...] Die Dicken in den *Sieben Spiegeln* bildeten eine Herausforderung an die Ästhetik, sie waren der verkörperte Gesang an die Fülle. Ich erfuhr, daß unzählige Zuschauer mehrmals das Theater besucht hatten, nur um den fetten Tänzerinnen zu applaudieren.« (Isabel Allende, *Aphrodite*, S. 169 f.)

men eines Bordells in Valparaíso besteht aus verschiedenen Sketchen über das Zusammenleben und die Arbeit der Prostituierten.

Der Alltag in Santiago stellt in diesen Jahren eine stete Zerreißprobe dar; 1972 verschärft sich die wirtschaftliche Situation weiter: Die Inflation steigt, Grundnahrungsmittel werden rationiert, und der Schwarzmarkt blüht. Streiks und terroristische Aktionen von links und rechts bringen die Infrastruktur zum Erliegen. Die Zustände sind chaotisch. Das Land ist gespalten.

Chile im politischen Chaos

Salvador Allende beteiligt im Oktober 1972 das Militär an der Regierung und verhängt in einigen Regionen den Ausnahmezustand. Bei den Wahlen im März 1973 verfehlt die rechte Opposition die erforderliche Zweidrittel-Mehrheit für eine

»Vor allem Frauen der Mittel- und Oberschicht begannen nun, eine Kampagne gegen Allende zu organisieren. Ab Ende 1971 fanden vierzehntägig Massendemonstrationen mit ›cacerolas vacías‹ (leeren Kochtöpfen) statt, die den Frauen als Instrument dienten, um lautstark auf die Versorgungsengpässe hinzuweisen. Letztere wurden allerdings durch systematisches Horten gerade von Lebensmitteln seitens der Mittel- und Oberschicht noch verschärft. [...] Die Frauen forderten die Militärs auf, Chile und seine Familien vor dem Marxismus zu retten. Ihre Aktionen setzten sie bis zum Putsch im September 1973 fort.« (Barbara Potthast, *Von Müttern und Machos*, S. 370)

Bombardement des Präsidentenpalastes La Moneda, 11. September 1973

Amtsenthebung Allendes. Damit ist die Möglichkeit verspielt, den Konflikt parlamentarisch zu lösen. Am 29. Juni kann ein erster Putschversuch in Santiago niedergeschlagen werden. Am 22. August spricht das Parlament Allende das Misstrauen aus. Viele befürchten einen Bürgerkrieg, andere halten eine militärische Intervention für unabdingbar: Die Generäle sollen Allende vertreiben, die Opposition einsetzen und dann die Macht übergeben. Im *Geisterhaus* vertritt der Patriarch Esteban Trueba diese weit verbreitete wie irrige

Vgl. S. 70

»In dieser Situation, in der sich Regierung und Opposition erbittert bekämpften, die Wirtschaft außer Kontrolle geraten war, der Oberbefehlshaber der Streitkräfte nach einem vergeblichen Vermittlungsversuch zurücktrat, die Kirche unfähig war, die verschiedenen Seiten zusammenzubringen, und Gewalttätigkeit um sich griff, bestand wenig Aussicht auf eine friedliche Lösung. Das Ende brachte der gewaltsame Militärputsch am 11. September 1973.« (Alan Angell, »Chile seit 1920«, S. 868)

»Obwohl die chilenische Politik einige Episoden der Gewalt erlebt hatte, war keine davon in ihrem Ausmaß und in ihrer Härte mit dem Putsch von 1973 vergleichbar.« (Alan Angell, »Chile seit 1920«, S. 870)

Leben

Der bewaffnete chilenische Staatspräsident Salvador Allende (Mitte) und seine Leibwächter suchen einen geeigneten Verteidigungsort in der Moneda, 11. September 1973

Ansicht vieler Konservativer: »In diesen Tagen wußte niemand, daß die Dinge so laufen würden, wie sie liefen. Wir dachten, das Eingreifen des Militärs sei ein notwendiger Schritt auf dem Weg der Rückkehr in eine gesunde Demokratie.« (G, S. 434)

Am 11. September 1973 kommt es zum Staatsstreich einer Militärjunta unter Führung von General Augusto Pinochet Ugarte (*1915). Salvador Allende weigert sich zurückzutreten. Während die Putschisten die Moneda, den Präsidentenpalast, bombardieren, begeht er Selbstmord.

Staatsstreich

Pinochet verhängt den Ausnahmezustand, löst den Kongreß auf, erklärt die Parteien und Gewerkschaften für illegal und hebt die Bürgerrechte auf. Es folgt eine Welle von politischen Verfolgungen, Deportationen und Erschießungen, der in den ersten drei Monaten über 1200 Menschen zum Opfer fallen, etwa 3200 sind es bis 1990. In der Wüste im Norden und auf den Inseln vor Patagonien im Süden des Landes werden Konzentrationslager eingerichtet. Hunderttausende fliehen ins Exil.

Der chilenische Nationaldichter Pablo Neruda ist 69 Jahre alt und schwer krank. Am 18. September wird er von seinem

Haus am Meer mit hohem Fieber in ein Krankenhaus nach Santiago gebracht. Viele Regierungen bieten dem Nobelpreisträger politisches Asyl an, doch er will das Land nicht verlassen. Er erfährt, dass seine Häuser in Valparaíso und Santiago von Faschisten geplündert und zerstört worden sind. Der Putsch, die ihm zugefügten Demütigungen und seine Ohnmacht beschleunigen seinen Tod. Er stirbt am 23. September.

Tod des Dichters Pablo Neruda

> »Nur wenige konnten auf seinem letzten Gang bei ihm sein, die Freunde waren verhaftet oder untergetaucht, und andere fürchteten die Repressalien. Mit meinen Kolleginnen von der Zeitschrift schritten wir langsam im Zug mit, rote Nelken in den Händen und riefen: ›Pablo Neruda! Hier, jetzt und immer!‹ [...]. Auf halbem Weg rief einer von uns: ›Salvador Allende!‹, und wir alle antworteten mit einer einzigen Stimme: ›Hier, jetzt und immer!‹ So diente das Begräbnis des Dichters auch dazu, den toten Präsidenten zu ehren, dessen Leichnam in einem anonymen Grab auf dem Friedhof einer anderen Stadt lag.« (Isabel Allende, *Paula*, S. 314)

Widerstand gegen die Diktatur

Viele, die den Sturz Allendes als längst überfällig begrüßt hatten, wenden sich angesichts der brutalen Menschenrechtsverletzungen schon bald von der Diktatur ab. Doch angesichts des allgegenwärtigen Terrors, der Bespitzelung und ständig drohender Denunziationen sind oppositionelle Äußerungen in den ersten Jahren lediglich vereinzelt zu vernehmen. Von Beginn an entstehen Initiativen im Untergrund, die von Einzelpersonen ausgehen, wie sie Allende mit der Figur des Francisco aus *Von Liebe und Schatten* beschreibt oder mit Jaime und Miguel aus *Das Geisterhaus*. Besonders Frauen organisieren sich in Initiativen, die der um sich greifenden Verarmung entgegenwirken sollen, wie Mittagsküchen, Einkaufsgemeinschaften oder privatem Gemüseanbau.

Vgl. S. 74ff.
Vgl. S. 69ff.

Die katholische Kirche Chiles unter Führung des Kardinals Raúl Silva Henríquez – als »Kardinal des Volkes« das Vorbild für den engagierten Geistlichen in Allendes *Von Liebe und Schatten* – ist die einzige Institution, die ihre Stimme erhebt. Schon zwei Tage nach dem Staatsstreich bitten Chiles Bi-

Leben

schöfe die Putschisten in einer Verlautbarung, weitere Repressalien zu vermeiden. Mehrere Unterredungen in dieser Richtung, die der Kardinal mit Vertretern der Militärjunta führt, bringen ihm nur die Verunglimpfung als »roter Bischof« ein. Zusammen mit anderen Kirchen ruft Silva Henríquez schon im Oktober die Organisation »Komitee zur Kooperation für den Frieden in Chile« ins Leben, die den Verfolgten juristischen und sozialen Beistand bietet. Vom Militärregime verboten, wird diese am 1. Januar 1976 als »Vikariat der Solidarität« neu gegründet und besteht bis Ende 1992. Die zugehörige Stiftung archiviert alle Informationen, Dokumente und Zeugenaussagen zu den Menschenrechtsverletzungen während des Militärregimes, um sie jedem Interessierten zugänglich zu machen.

Isabel Allende steht am Morgen des 11. September 1973 vor der verschlossenen Tür der Redaktion; begleitet vom Lärm der Hubschrauber und Flugzeuge fährt sie mit ihrem bunt bemalten Auto weiter durch die leeren Straßen zu Großmutter

»Mitbürger!
Das ist sicherlich das letzte Mal, dass ich mich an Sie wenden kann. [...] Ich danke Ihnen für die stets bekundete Treue, für das Vertrauen, das Sie in einen Mann gesetzt haben, der nur die Verkörperung der Sehnsucht nach Gerechtigkeit war, der sein Wort gab, Verfassung und Gesetze zu achten, und der dies auch tat. [...] Ich glaube an Chile und an seine Zukunft. Andere nach mir werden auch diese bitteren und dunklen Augenblicke überwinden, in denen der Verrat versucht sich durchzusetzen. Haltet fest an dem Wissen, dass sich eher früher als später die großen Alleen öffnen, durch die freie Menschen schreiten werden, um eine bessere Gesellschaft zu errichten. Es lebe Chile! Es lebe das Volk! Es leben die Arbeiter! Dies sind meine letzten Worte. Ich habe die Gewissheit, dass mein Opfer nicht umsonst sein wird. Ich habe die Gewissheit, dass es zumindest eine moralische Lehre sein wird, an der die Hinterhältigkeit, die Feigheit und der Verrat zu tragen haben werden.« (Salvador Allendes letzte Worte an das chilenische Volk; zit. n. Günther Wessel, *Die Allendes*, S. 125 f.)

Hilda; weil diese sie bittet, nach ihrem Mann, einem Lehrer in einer Schule nahe des Präsidentenpalastes, zu sehen, fährt sie dorthin und findet den Lehrer im Schulgebäude vor einem Radio sitzend; mit ihm zusammen hört sie dort die letzten Worte des Präsidenten Allende an das chilenische Volk.

Leben unter der Diktatur In der *Paula*-Redaktion werden alle Mitarbeiter mit Verbindungen zur Unidad Popular entlassen, Allende bleibt beschäftigt, aber unter Beobachtung. Schon seit 1969 schreibt sie für Chiles einzige Kinderzeitschrift *Mampato* und ist sogar kurze Zeit Chefredakteurin. Wegen eines schon lange vor dem Putsch gestalteten Titelblatts gerät sie mit der Zensurbehörde aneinander, die die Abbildung von Gorillas auf der ersten Seite als Anspielung auf die Militärs betrachtet. Allende wird kurzerhand entlassen und verliert auch bald ihre Arbeit bei *Paula* – einer ihrer letzten Beiträge stellt eine deutliche Verurteilung der Korruption dar: »Als ich klein war, dachte ich, die Piraten würden immer mit einer Augenklappe und einem Holzbein herumlaufen, aber heute kenne ich einige, die Anzüge von Juvens und Schuhe von Jarman tragen. Wenn sie genug Schätze angehäuft haben, machen sie Politik und wollen das Volk regieren ...« (Zit. n. CZ, S. 71) 1974 kommen zwei **Zwei Kinderbücher erscheinen** Bände mit Erzählungen für Kinder heraus: *La abuela Panchita* (»Großmutter Panchita«) und *Lauchas, lauchones, ratas y ratones* (»Kleine Mäuse und große Mäuse, Ratten und Riesenratten«).

In diesen Jahren hat sie einiges über den Journalismus gelernt, z. B. wie man innerhalb der ersten sechs Sätze das Interesse des Lesers weckt und ihn auch im Folgenden nie aus dem Auge verliert. Der Leser darf sich auf keinen Fall langweilen: »Was für einen Sinn hat deine Arbeit, wenn dich keiner liest?« (Allende; zit. n. CZ, S. 246) Sie eignet sich viele, auch für ihre literarische Arbeit nützliche Fertigkeiten an, wie Interviews führen, indiskrete Fragen stellen, genau beobachten, recherchieren und die Sprache effektiv einsetzen.

Schon kurz nach dem Putsch beginnt Isabel Allende heimlich, Verfolgten zu helfen. Sie versteckt sie, verschafft ihnen Papiere und bringt sie zu den Botschaften, von wo aus sie das Land verlassen können. Sie zeichnet Interviews von Folterop-

Leben

> »Der Journalismus hat mich gelehrt, Worte zu verstehen und zu lieben, und Worte sind die Werkzeuge meines Gewerbes, der Rohstoff meines Handwerks. [...] Vor allem aber hat der Journalismus mir die Angst vor der leeren Seite genommen.« (Isabel Allende; zit. n. Marjorie Agosín, »Isabel Allende: Piratin, Geisterbeschwörerin und Feministin«, S. 60)

fern auf und schmuggelt Beweismaterialien außer Landes. Erst nach einigen Monaten realisiert sie, in welche Gefahren sie sich und ihre Familie damit begibt.

Sofort nach dem Militärputsch und dem Tod Salvador Allendes gibt Ramón Huidobro seinen Posten als Botschafter in Argentinien und seine fast 40-jährige diplomatische Karriere auf, doch er und Panchita Llona bleiben weiter in der argentinischen Hauptstadt. Erst ein Jahr später, als am 29. September 1974 in Buenos Aires General Prats und seine Frau bei einem Attentat der *DINA*, der chilenischen Geheimpolizei, ermordet werden, beschließen auch sie zu gehen; Isabel fliegt zu ihnen und hilft bei der Wohnungsauflösung.

Sie arbeitet in den ersten Jahren der Diktatur weiter für das Fernsehen; im Studio wird sie von einem Soldaten mit Maschinenpistole bewacht. Als Isabel Allende klar wird, dass ihr Nachname nur als Aushängeschild für eine anscheinende Normalität benutzt wird, kündigt sie 1975. Sie führt weiterhin ihre Arbeit im Untergrund fort, doch ihre Angst wächst. Sie erhält anonyme Todesdrohungen und fürchtet, mitten in der Nacht abgeholt zu werden. Sie wird krank angesichts der Repressionen und der Atmosphäre aus Drohung und Gewalt auf der einen und Ohnmacht und Angst auf der anderen Seite. Sie beschließt, das Land zu verlassen.

Der Weg ins Exil

Sie und Michael breiten eine Landkarte vor sich aus und gehen die Möglichkeiten durch: Es soll ein spanischsprachiges, demokratisch regiertes Land sein. Doch Mexiko, Costa Rica und Kolumbien lassen schon keine Flüchtlinge mehr ein. Venezuela gehört zu den wenigen Optionen, die der jungen Familie offen stehen. Allende erinnert sich eines venezolanischen Freundes ihrer Mutter, der ihr Hilfe angeboten hatte,

und flüchtet nach Caracas. Fünf Wochen später folgen ihr
Michael und die Kinder nach.

Venezuela: »Die dreizehn wichtigsten Jahre meines Lebens« (1975-1987)

Die Ankunft in der venezolanischen Hauptstadt ist wie ein
Schock für die inzwischen 33-Jährige: Vom Winter der chilenischen Diktatur gerät sie »in ein heißes anarchisches Land in
vollem Erdölboom, wo die Verschwendung die Grenzen zum
Absurden überschritten hatte: man ließ sich aus Miami sogar
das Brot und die Eier schicken, weil es so bequem war« (P, S.
350). Isabel Allende reist mit Touristenvisum und 20 Kilo-
gramm Gepäck, alles andere muss sie zurücklassen. Mitge-
nommen hat sie noch die Gesammelten Werke von Pablo Neruda und einen Beutel mit Erde aus ihrem Garten, um ein
Vergissmeinnicht zu pflanzen: »Vergiß mein nicht, bittet der,
der geht ... Deshalb wählte ich diese zarte Blume als Sinnbild
für mein Exil, einzig und allein des Namens wegen. Aber sie
konnte nicht gedeihen in dem tropischen karibischen Klima,
und das Vergißmeinnicht starb langsam dahin, während mein
Heimweh wuchs und wuchs.« (A, S. 194)

Schwerer Neuanfang
Sie versucht, das Gefühl, fremd und fern von ihren Wurzeln
zu sein, mit Arbeit zu vertreiben, aber in einem Land, wo ihre
Referenzen nichts zählen, da alle Einwanderer über beste Ab-
schlüsse und Zeugnisse verfügen, ist das nicht so einfach. Sie
macht Verschiedenes: Übersetzungen, Aufträge fürs Fernsehen, ein Theaterstück. Durch die Vermittlung eines Freundes
erhält sie eine Kolumne in der Wochenendbeilage der Tageszeitung *El Nacional de Caracas*, aber ihr trockener chilenischer
Humor kommt bei den Lesern wenig an, und sie kann nicht
recht Fuß fassen.

Michael findet als Bauingenieur bei einem der großen Erdöl-
förderunternehmen schnell Arbeit, allerdings in Ciudad Bolí-
var, einer Stadt am Rande des Urwalds, weswegen er nur alle
sechs oder sieben Wochen für ein Wochenende nach Caracas
zu seiner Familie kommen kann. Die langen Trennungen der
Eheleute, der Verlust des Freundeskreises und der Familie, die
Schwierigkeiten der Anpassung an Land, Klima und Men-

>Ich kannte die Gepflogenheiten nicht, ich wusste zum Beispiel nicht, dass sie selten nein sagen, weil sie das als grob empfinden, sie ziehen ›Kommen Sie morgen wieder‹ vor. Ich ging auf Arbeitssuche, in den Vorstellungsgesprächen war man sehr freundlich, man bot mir Kaffee an und man verabschiedete sich von mir mit einem festen Händedruck und einem ›Kommen Sie morgen wieder.‹ Ich kam am nächsten Tag wieder, und es wiederholte sich das Gleiche, bis ich mich schließlich geschlagen gab. Ich empfand mein Leben als Fehlschlag; ich war 35 und dachte, mir bliebe nichts als alt zu werden und vor Langeweile zu sterben. Jetzt, da ich an diese Zeit zurückdenke, begreife ich, dass es viele Möglichkeiten gab, ich sie aber nicht sah, ich war unfähig, mich im Rhythmus der anderen zu bewegen, ich konnte nicht klar sehen und war ängstlich. Statt mich anzustrengen, um das Land kennen und lieben zu lernen, das mich großzügig aufgenommen hatte, war ich besessen von der Rückkehr nach Chile.« (Isabel Allende, *Mi país inventado*, S. 196 f.)

schen strapazieren die Beziehung von Isabel Allende und ihrem Mann wie die vieler anderer Exilanten. Eine Affäre mit einem argentinischen Musiker bringt sie sogar so weit, ihren Mann und ihre Kinder zu verlassen, aber sie kehrt im November 1978 noch enttäuschter zurück, als sie gefahren war. Michael und sie bleiben noch neun Jahre zusammen, in einer Beziehung, die auf die Kinder, Gewohnheiten, »die stille Zärtlichkeit und gemeinsame Interessen« (P, S. 386) baut. Sie merkt, wie abhängig sie in der Ehe geworden ist, und beschließt, sich eine feste Stelle zu suchen und von nun an ihre Einkünfte zu sparen und seine für die häuslichen Ausgaben zu verwenden, nicht anders herum, wie es vorher war. Erst in dieser Zeit akzeptiert sie auch ihr Exil und stellt sich auf einen längeren Aufenthalt ein, und mit dieser gewandelten Einstellung wird vieles einfacher.

In ihrem Heimatland hat Pinochet, beraten von US-amerikanischen Wirtschaftswissenschaftlern, auf Öffnung und Neoliberalismus gesetzt; er macht einen Großteil der Aktionen der Volksfrontregierung, so die Landreform und die Verstaat- **Pinochets Politik** lichung der Betriebe (außer den Kupferminen), rückgängig und fördert Privatunternehmer. Drastisch gekürzte Sozialleistungen, sinkende Löhne bei steigenden Preisen und einer hohen Arbeitslosigkeit lassen große Teile der unteren und mittleren Schichten verarmen, die ländlichen Gegenden haben besonders zu leiden.

Das Ausland verurteilt die fortgesetzte Verletzung der Menschenrechte in Chile (Mahnung der UNO-Vollversammlung vom 16. Dezember 1977), doch im Innern konsolidiert Pinochet seine Macht durch eine Volksabstimmung und erlässt am 19. April 1978 sogar eine Generalamnestie, nach der alle nach 1973 von Militärgerichten verurteilten Personen straffrei aus-

Das Massaker von Lonquén gehen. Dies wird entscheidend für das Massaker von Lonquén, dessen Schreckensnachricht um die Welt geht: Im November 1978 werden die Leichen von 15 Bauern in verlassenen Kalköfen in der Nähe eines Dorfes, 50 Kilometer von der chilenischen Hauptstadt entfernt gefunden. Der Oberste Chilenische Gerichtshof klagt acht Mitglieder der Militärpolizei an, muss sie jedoch aufgrund der Generalamnestie freisprechen. Isabel Allende, die wie die meisten Exilanten die Politik in Chile gespannt und erwartungsvoll verfolgt, ist erschüttert, es »war wie ein Faustschlag in den Magen, der Schmerz ließ mich jahrelang nicht los« (P, S. 413). Sie verfolgt die Ereignisse und schneidet alle Meldungen zum Thema aus und sammelt sie in einer Mappe. Das Massaker von Lonquén wird den Aus-

Vgl. S. 74f. gangspunkt für Allendes zweiten Roman bilden.

Doch so weit ist es noch lange nicht; die finanzielle Unabhängigkeit fest im Blick stellt sie ihre literarischen und journalistischen Ambitionen zurück und tritt 1978 eine Stelle in der Verwaltung des Colegio Marroco an, einer weiterführenden Schule in Caracas mit 400 Schülern. Sie ist mit Abrechnungen, Werbung, Einteilung der Lehrer und Elternkontakten betraut. In zwei Schichten arbeitet sie dort täglich zwölf Stunden.

Vgl. S. 68f. Anfang 1981 erfährt Isabel Allende, dass ihr Großvater in Santiago im Sterben liegt. Er hat beschlossen zu sterben und nimmt keine Nahrung mehr zu sich. Allende erklärt rückblickend ihre Gefühle: »In diesem Augenblick verspürte ich den übermächtigen Drang, ihm zu schreiben und ihm zu sagen, dass er niemals sterben würde, dass er irgendwie immer in meinem Leben gegenwärtig sein würde, denn er hatte eine Theorie, nach der es den Tod nicht gab, nur ein Vergessenwerden. Er glaubte, dass Menschen, die man im Gedächtnis behielt, niemals sterben würden.« (Zit. n. García Pinto 2000, S. 63 f.)

Sie beginnt am 8. Januar einen langen Abschiedsbrief. Ihr Großvater stirbt schon einige Tage später, doch sie schreibt weiter. Ein ganzes Jahr lang setzt sie sich immer abends, wenn die Kinder im Bett sind, an die Reiseschreibmaschine und tippt in der Küche Seite um Seite. Sie korrigiert von Hand und mit Hilfe von Tipp-Ex, klebt Zettel an und schreibt um, so dass die Seiten bald eine »Konsistenz von Pappe« (P, S. 405) haben. Dann schläft sie einige Stunden und geht wieder zur Arbeit in die Schule. Nach einem Jahr hat sie den »Brief« fertig und gibt ihn der Mutter, die darin den Entwurf eines Buches erkennt. Isabel macht sich an die Überarbeitung, so wie sie es im Journalismus gelernt hat: Sie interviewt Bauern, Soldaten und Stadtbewohner, trägt Informationen zusammen, korrigiert Ungereimtheiten der Charaktere und Handlungsabläufe und schreibt den Epilog immer wieder um.

»Das Geisterhaus« entsteht

> »Ich denke, dass ich irgendwie die Geschichte meines Landes erzählen wollte. Ich wollte beschreiben, was geschehen war. Es war eine Art Therapie für mich, eine Möglichkeit, all den Kummer loszuwerden, der sich in mir aufgebaut hatte, eine Möglichkeit, die schmerzliche Erfahrung zu teilen, die zwar nicht ich durchlebt hatte, aber doch so viele andere Chilenen: die Erfahrung des Militärputschs, die Erfahrung all dieser Jahre der Unterdrückung.« (Isabel Allende; zit. n. Magdalena García Pinto, »Chiles Troubadourin«, S. 69)

Ihre Mutter Panchita, die schon seit 1975 mit Ramón Huidobro in Caracas im gleichen Haus wohnt wie ihre Tochter, ist eine gewissenhafte Lektorin. Als das Manuskript fertiggestellt ist, schreibt Allende einige lateinamerikanische Verlage an, erhält aber nur Absagen. Daraufhin befolgt sie den Rat eines

Freundes und wendet sich an Carmen Balcells, eine berühmte Literaturagentin aus Barcelona, die unter anderen Cortázar, García Márquez und Vargas Llosa betreut. Balcells gefällt der Roman, und sie ist sich der Zugkraft des Namens Allende und der Brisanz des Themas gewahr. Sie verkauft das Manuskript eines bedeutenden Autors an den Verlag Plaza & Janés mit der Auflage, dass auch 500 Seiten einer unbekannten Chilenin gedruckt werden, und so geschieht es: Allende versendet das Konvolut wegen des Übergewichts in zwei gesonderten Päckchen, und 1982 wird sie nach Barcelona zur Präsentation von *Das Geisterhaus* eingeladen.

In Spanien erscheint »Das Geisterhaus«, vgl. S. 68 ff.

»Carmen Balcells veranstaltete ein Festessen, um mich der spanischen Buchwelt vorzustellen, aber ich war so verschreckt, daß ich ein gut Teil des Abends auf der Toilette zubrachte. [...] Ich erinnere mich noch heute an die erste Frage in dem Interview, das der seinerzeit berühmteste Literaturkritiker mit mir machte: ›Können Sie mir die zyklische Struktur Ihres Romans erklären?‹ Ich muß ihn schafsdämlich angesehen haben, ich wußte wirklich nicht, wovon zum Teufel er redete, ich hatte immer geglaubt, nur Gebäude hätten eine Struktur, und das einzig Zyklische in meinem Repertoire waren der Mond und die Menstruation.« (Isabel Allende, *Paula*, S. 409)

»Es ist kein Geheimnis, daher fällt es mir nicht schwer, es zu wiederholen. Ich empfahl Carmen Balcells den ersten Roman von Isabel Allende, ohne ihn gelesen zu haben. [...] Isabel leistete in Caracas als Journalistin ausgezeichnete Arbeit. [...] Sie erzählte mir eines Tages, dass sie einen Roman geschrieben und ihn an einen Verlag namens Monte Ávila geschickt habe, und sie sei sehr frustriert, weil man ihr im Verlag gesagt hatte: ›Wir veröffentlichen Deinen Roman, wenn Du hundert Seiten streichst, denn die sind zu viel.‹ Ich fragte sie: ›Glaubst Du, dass diese hundert Seiten notwendig sind?‹ Und sie sagte mir: ›Sie sind absolut notwendig.‹ ›Also, dann lass mich Dir helfen. Wir werden Deinen Roman Carmen Balcells schicken.‹« (Tomás Eloy Martínez; zit. n. Guillermo Zambrano, »El tono de la novela«)

In Chile beginnt Pinochet das Jahrzehnt mit einer Volks- **Chile**
abstimmung, in deren Folge er für acht Jahre zum Staats-
oberhaupt, Regierungschef und Oberkommandierenden der
Streitkräfte und der Polizei erhoben wird. Aufgrund massiver
Einschüchterungen sagen 67 Prozent der Wähler ja zu einer
neuen, sehr autoritären Verfassung, nach der das Parlament
praktisch keinen Einfluss hat und ein Drittel des Senats vom
Präsidenten ernannt wird. Gleichzeitig wird Anfang der
1980er Jahre der Widerstand gegen das Regime spürbar. Parteien und Gewerkschaften formieren sich neu und organisieren Proteste und Kundgebungen. Der Unmut über die stete
Rezession mündet am 11. Mai 1983 in einen Generalstreik, der
den Verkehr in Santiago zum Stillstand bringt.

> »Die Unterstützung, die dieser Streik erfuhr, machte deutlich,
> daß die Regierung nicht so unverwundbar war, wie es schien,
> und daß die demokratischen Traditionen des chilenischen
> Volkes trotz der jahrelangen autoritären Herrschaft nicht zer-
> stört worden waren.« (Alan Angell, »Chile seit 1920«, S. 874)

Für Isabel Allende ist die erste Hälfte der 1980er Jahre geprägt
von ihrem Durchbruch als Schriftstellerin und ihrer überra-
schenden literarischen Karriere. *Das Geisterhaus* stellt sie mit
einem Schlag neben die arrivierten Autoren der lateinamerikanischen Boom-Literatur. Am 8. Januar 1983 beginnt sie ih-
ren zweiten Roman *Von Liebe und Schatten*, der ein Jahr später **»Von Liebe und**
in Spanien erscheint, gleichzeitig mit *La gorda de porcelana* **Schatten«**
(»Die Dicke aus Porzellan«), ein kurzer Kinderroman von **erscheint,**
1974. Sie geht auf Lesereise, wird zu Kongressen eingeladen, **vgl. S. 74ff.**
hält Vorträge, gibt Interviews, lehrt an amerikanischen Universitäten und erhält Auszeichnungen. Es sind vor allem
Frankreich, Deutschland und die skandinavischen Länder,
wo sie zuerst die größten Erfolge feiert und wo ihr treuestes
Publikum sitzt. In Deutschland ist sie 1986 der Star der Frank- **Vgl. S. 79, 117**
furter Buchmesse; nach dem *Geisterhaus* wird auch ihr zweiter
Roman »Buch des Jahres«, und sie wird zum zweiten Mal zur
»Autorin des Jahres« gewählt.
In Caracas dagegen ist von diesem Rummel wenig zu spüren.

Alltag in Caracas Venezuela ist ihr und ihrer Familie inzwischen zur zweiten Heimat geworden. Schon 1977 erlaubt die chilenische Militärregierung ausgewählten Exilanten die Rückkehr, doch bis 1988 existieren Listen von Emigranten mit Einreiseverboten. 1986 gehen Ramón Huidobro und Isabels Mutter nach Santiago zurück. Zu dieser Zeit geben Allende und ihr Mann ihre enge Wohnung auf und ziehen in ein etwas heruntergekommenes, aber geräumiges Haus mit Garten, in dem die Autorin ein eigenes Arbeitszimmer hat – »a room of one's own«, wie Virginia Woolf die erste Voraussetzung zum Schreiben formuliert hatte. Sie lernt in dieser Zeit den Arzt Ildemaro kennen, es entwickelt sich »die bedeutungsvollste Freundschaft« (P, S. 419) ihres Lebens. Ildemaro ist gebildet und intelligent und wird zu einer Art Mentor für Allende. Sie reden über Literatur, Philosophie und Politik, er liest ihre Texte und gibt ihr Buchempfehlungen. Sonntags treffen sich die Familien zu ausgedehnten gemeinsamen Essen und pflegen einen regen Kontakt, sie führen Theaterstücke auf, bei denen alle Beteiligten viel Spaß haben. Paula und Nicolás gehen inzwischen zur Universität; er studiert Computertechnik, sie Psychologie mit der Spezialisierung auf Sozialfürsorge.

Vgl. »Eva Luna«, S. 79 ff. Am 8. Januar 1985 schreibt Allende den ersten Satz ihres dritten Romans, *Eva Luna*. Nachdem ihre ersten beiden Romane ein Versuch waren, den schmerzlichen Verlust ihrer Heimat und die Erfahrung der Militärdiktatur zu verarbeiten, vollzieht sie mit *Eva Luna* auch literarisch den Umzug von Chile nach Venezuela. Und sie macht mit diesem Roman einen weiteren wichtigen Schritt: Sie ist jetzt keine Feierabendautorin mehr, sondern Vollzeitautorin. Die Arbeit in der Schulverwaltung, die ihr bisher noch als Sicherheit gedient hatte, gibt sie auf.

Sie kommt nicht mehr so schnell voran wie bei den ersten beiden Büchern, da sie als inzwischen anerkannte Romanautorin zusätzliche Aufgaben und Verpflichtungen hat. Auch privat macht sie eine kräftezehrende Zeit durch, das Zusammenleben mit ihrem Mann gestaltet sich zunehmend schwieriger, sie haben sich entfremdet, und an die Stelle von Liebe ist Langeweile und Überdruss getreten. Als sie erkennt, dass nur

> »Mit *Eva Luna* nahm ich es endlich in mein Bewußtsein auf, daß mein Weg die Literatur ist, und zum erstenmal wagte ich zu sagen: ich bin Schriftstellerin. Als ich mich vor den Computer setzte, um das Buch zu beginnen, tat ich das nicht wie bei den beiden vorangegangenen voller Entschuldigungen und Zweifel, sondern im vollen Einsatz meines Willens und sogar mit einer gewissen Dosis Stolz.« (Isabel Allende, *Paula*, S. 424 f.)

noch eine gewisse Loyalität und Disziplin ihre Beziehung zusammenhalten, schlägt sie die Scheidung vor. Noch am gleichen Tag erzählen sie den Kindern von ihrem Entschluss. Sie trennen sich schnell und gütlich im Sommer 1987. Onkel Ramón kümmert sich um die Annullierung der Ehe in Chile. Michael zieht aus, die Kinder bleiben bei Isabel. Ihr dritter Roman, *Eva Luna*, erscheint.

Trennung von Isabel Allende und Michael Frías

»Eva Luna« erscheint

Um auf andere Gedanken zu kommen, geht Allende auf eine zweimonatige Lesereise, die sie durch Europa und den amerikanischen Kontinent führt. Im Oktober hält sie eine Lesung an der Universität von San José in Kalifornien. Bei dem anschließenden Essen lernt sie den Rechtsanwalt William Gordon kennen, dem ihr zweites Buch sehr gefallen hat. Allende interessiert sich für diesen großgewachsenen Mann mit den blauen Augen, später sagt sie: »Als ich ihn kennenlernte und er mir sein Leben erzählte, wußte ich sofort, daß ich das niederschreiben mußte, wahrscheinlich habe ich mich deshalb so Hals über Kopf in ihn verliebt.« (Zit. n. CZ, S. 120) Es ist vermutlich eher seine Charakterstärke, die sich in seiner Lebensgeschichte erkennen lässt: die Ausdauer und die Kraft, die er an den Tag legt, um seine Vorstellungen zu verwirklichen und sich nicht unterkriegen zu lassen, seine Beharrlichkeit und Gutherzigkeit. Die beiden nächsten Tage verbringen sie zusammen, und am Flughafen verabschiedet er sie mit dem Versprechen: »Ich werde dich im Dezember in Venezuela besuchen«, woraufhin sie entrüstet erwidert »Wir haben Oktober, von heute bis Dezember kann ich tot sein.« Er versteht nicht ganz: »Bist du krank?«, »Nein, aber man kann nie wis-

Bekanntschaft mit William Gordon

sen ...« (P, S. 448). So hat Allende diese Szene in ihrem Kopf, sie will genau wissen, was er für sie empfindet, und ob sie jetzt ein Paar sind, ihr Verhalten illustriert beispielhaft die ihr typische Ungeduld: »Ich will alles jetzt.« (Allende; zit. n. Toms 2000, S. 207)

Kalifornien: Ein amerikanischer Traum (1988-1990)

Wieder in Caracas, gehen Allende die vergangenen Tage nicht aus dem Kopf. Ihr Sohn Nicolás bemerkt ihre Veränderung und drängt sie, nach Kalifornien zurückzufahren, um sich Klarheit über ihre Gefühle zu verschaffen. Allende schickt mit Eilpost einen originellen »Beziehungsvertrag« nach Kalifornien, den William ihr unterschrieben zurücksendet.

> »Ich schickte ihm per Kurier einen in zwei Spalten geteilten Vertrag, in der einen standen genau aufgeführt meine Forderungen und in der anderen das, was ich bereit war, im Verhältnis dazu anzubieten. Die erste war ein Endchen länger als die zweite und enthielt einige Schlüsselpunkte wie etwa Treue [...] und andere eher anekdotische wie zum Beispiel, mir das Recht einzuräumen, unser Haus nach meinem Geschmack einzurichten.« (Isabel Allende, *Paula*, S. 449)

Es ist ein gewagter Schritt. In ihren Erinnerungen spricht sie von der Sicherheit, die sie in Williams Zimmer empfunden hatte, das nichts von der Unordnung und Vernachlässigung des restlichen Hauses hatte. Sie verspürt eine außerordentliche Zuneigung zu diesem Mann, eine große Vertrautheit und sieht zugleich eine neue Chance: »Ich fühlte, daß diese Liebe fähig sein würde, uns zu erneuern, uns eine gewisse Unschuld wiederzugeben, das Vergangene fortzuwaschen, die dunklen Seiten unseres Lebens zu erhellen.« (P, S. 447) Sie packt einiges zusammen und fliegt im Dezember 1987 nach San Rafael in der Nähe von San Francisco.

Mit der ihr eigenen Energie packt sie nun alles an, sie putzt, sortiert aus und räumt erbarmungslos mit allem auf, was nach Achtlosigkeit und Desinteresse aussieht: mit den halbtoten Fischen im Aquarium, den hysterischen Ratten im Käfig, den

Fotos von verflossenen Beziehungen und vielem mehr. Ihre neue Familie bekommt einen Wesenszug Allendes zu spüren, den ihre alte Familie schon gut kennt: ihre Dominanz. »Ich will meine Leute immer beschützen und ihnen das Leben so leicht wie möglich machen«, verteidigt sich die überfürsorgliche Mutter und Frau, meint aber entrüstet: »Ich mag es nicht, wenn man sich in mein Leben einmischt, so wie ich das bei anderen tue.« (Zit. n. CZ, S. 123, 125)

Die erste Zeit bedeutet eine ziemliche Umstellung, wieder ist Allende fremd in einem Land, wird mit einer anderen Mentalität und diesmal auch mit einer neuen Sprache konfrontiert. William Gordon spricht sehr gut Spanisch, denn er ist im Viertel der mexikanischstämmigen Einwanderer in Los Angeles aufgewachsen; sie hat durch den Besuch der englischen Schule in Beirut gute Grundlagen, aber das ist über 20 Jahre her, und zu Anfang ist Allende frustriert: »Ich konnte noch nicht einmal ins Kino, weil ich nicht verstand, was die Schauspieler sprachen.« (Zit. n. Álvarez-Rubio 1994, S. 1066) Inzwischen verfasst sie Vorträge, Artikel und Briefe auf Englisch, aber Romane schreiben, denken, kochen, lieben und träumen, das geht nur in ihrer Muttersprache.

Neues Land, neue Sprache

Privat muss sie sich vielen und oft auch ungewohnten Aufgaben stellen; ihre neuen Familienmitglieder sind nicht einfach: Williams ältester Sohn (er ist mit 25 Jahren so alt wie Paula) und seine Tochter Jennifer sind beide drogenabhängig, hinzu kommen der elfjährige, hyperaktive Stiefsohn Harleigh und der Adoptivsohn Jason. Zudem muss sie auch ohne in der Wohnung lebende Haushaltshilfen auskommen.

Neue Familie

Beruflich ergeben sich zunehmend mehr Verpflichtungen; ihre Bekanntheit wächst mit jedem Buch, und durch ihren Umzug in die USA wird sie häufiger als vorher um Interviews, Eröffnungsreden, Vorworte oder Buchbeiträge gebeten. Zwischen Beruf und Privatleben schreibt sie Kurzgeschichten, die von Eva Luna, der Protagonistin ihres letzten Romans, erzählt werden. Sie entscheidet sich für die literarische Kurzform, weil sie annimmt, Erzählungen ließen sich besser mit ihrem vollen Terminkalender vereinbaren, doch in vielen nachfolgenden Interviews betont sie die Fallen und Tücken des Gen-

Die »Geschichten der Eva Luna« entstehen,
vgl. S. 83 ff.

Isabel Allende
mit William Gor-
don, 1988

res und kommt zum Schluss: »Ich glaube nicht, daß ich mich
noch einmal darin versuchen werde, es sei denn, sie fallen mir
vom Himmel wie die *Geschichten der Eva Luna*.« (P, S. 455) Sie
schreibt sie schnell, mit Bleistift, in ihr gelbes Notizbuch, ent-
weder in Williams Büro oder in seinem Haus in San Rafael;
sie hat keinen Computer, keine Bibliothek, kein eigenes Zimmer.

»Es war eine Zeit großer Unsicherheit in meinem Leben«
(zit. n. Carrión 2000, S. 148), bemerkt Allende rückblickend,
denn sie hat keine feste Arbeit, und ihr Touristenvisum ist
kurz davor abzulaufen; sie will sich auf keinen Fall illegal in
den USA aufhalten. Deswegen beantwortet sie die Frage nach
dem Beweggrund für ihre Ehe ganz lapidar: »Weil ich eine
Green Card brauchte.« (Ebd.) Doch allein pragmatisch ist die
Sache nicht. Das wird deutlich, wenn man in Allendes Erinnerungen liest, wie sehr sie sich über eine spaßig gemeinte
Bemerkung ihres Partners aufregte: Bei einem Abendessen
mit Freunden beteuerte William Gordon nämlich, er würde
nie wieder heiraten, es sei denn, er hätte keine Wahl. Ihr platzt
daraufhin der Kragen, und sie führt ihm aufbrausend vor Augen, was sie mit der Übersiedlung nach Kalifornien alles auf-
gegeben habe, während er nichts dergleichen getan habe.

Wenn er sie nicht heiraten wolle, würde sie nach Venezuela zurückkehren. Allende gibt ihm 24 Stunden Bedenkzeit: »Ich habe kein Wort mit ihm gesprochen, wir haben nicht einmal Händchen gehalten. Bevor die vierundzwanzig Stunden um waren, sagte er ja.« (Zit. n. ebd., S. 150)

Bei der Hochzeit im Sommer 1987 steht die Braut kurz vor der Vollendung ihres 46. Lebensjahres, der Bräutigam ist fünf Jahre älter. Bei der Zeremonie formuliert der Pfarrer einen Satz wie eine Prophezeiung: »Sie beide haben sich zusammengetan, um als Brücke zwischen zwei Kulturen zu dienen.« (Zit. n. Álvarez-Rubio 1994, S. 1066) In diesem Moment keimt in Allende schon das nächste Schreibprojekt: »Ich nahm mir vor, über Kalifornien zu schreiben und über den Zusammenprall der lateinamerikanischen und der nordamerikanischen Welt.« (Ebd.)

Hochzeit von Isabel Allende und William Gordon

Währenddessen ruft Pinochet für Oktober 1988 zu einer Volksabstimmung auf, um sich für weitere acht Jahre im Amt bestätigen zu lassen. Doch in Chile haben die erstarkenden oppositionellen Kräfte den Weg für einen politischen Wandel geebnet. Die Kampagne des linken Parteienbündnisses für das Nein wird auch von Isabel Allende unterstützt. Im Oktober 1988 fliegt sie nach 13 Jahren Abwesenheit zurück, um gegen den Diktator zu stimmen. Sie ist gerührt von dem Empfang am Flughafen. Sie trifft sich mit alten Freunden, fährt nach Isla Negra, zu Nerudas Haus am Meer, und besucht ihren Exmann Michael, der auch wieder geheiratet hat. Ihr scheint, er habe nun endlich das geordnete Leben, das er immer erwartet hatte. Sie reden freundschaftlich miteinander, spazieren durch ihr altes Viertel und suchen sogar das gemeinsam gebaute Haus auf. Nachdem sie sich verabschiedet haben, kommen Allende die Tränen: »Ich weinte um die vollkommenen Zeiten der ersten Jugend, als wir uns aufrichtig liebten und dachten, es wäre für immer, als die Kinder klein waren und wir glaubten, wir wären fähig, sie gegen alles Schlimme zu beschützen.« (P, S. 462)

Volksabstimmung in Chile

Besuch in Chile

Pinochet hatte auf einen Sieg vertraut, doch 55 Prozent der Befragten sagen nein. Pinochet ist geschlagen. Das linke Parteienbündnis siegt. Im Dezember 1989, bei den ersten freien

Pinochets Niederlage

> »Der Volksentscheid von 1988 und die Wahlen von 1989 stellen eindrucksvolle Bekundungen demokratischer Überzeugungen dar. Die Wahlbeteiligung war beide Male mit über 90 Prozent der registrierten Wahlberechtigten sehr hoch. Es kam bei beiden Wahlen kaum zu Gewalttätigkeiten, und es besteht kein Zweifel, daß die Ergebnisse die tatsächlichen Präferenzen der Wählerschaft widerspiegelten. Dieses von allen Bevölkerungsschichten gezeigte Bekenntnis zur Demokratie verschaffte der Regierung ein solides Fundament, auf dem sie aufbauen konnte.« (Alan Angell, »Chile seit 1920«, S. 878)

Erste freie Wahlen
Wahlen für das Amt des Präsidenten seit 1970, gewinnt der Christdemokrat Patricio Aylwin Azócar mit einer überwältigenden Mehrheit. Doch Pinochet bleibt bis 1997 Oberbefehlshaber der Streitkräfte, der Senat wird von Befürwortern des Militärs beherrscht, und die Judikative ist zum größten Teil von Pinochet ernannt. Die neue Regierung ist sich der schwierigen wie notwendigen Aufgabe der Vergangenheitsbewältigung bewusst; es gilt, ein durch die Diktatur gespaltenes Land zu einen.

»Geschichten der Eva Luna« erscheint

Gabriela-Mistral-Preis
1989 erscheinen Allendes *Geschichten der Eva Luna*, sie wird in die Chilenische Akademie der Sprache aufgenommen, und im März 1990 fliegt sie erneut nach Santiago, um in der Moneda aus den Händen des frisch vereidigten Präsidenten Patricio Aylwin den Gabriela-Mistral-Preis entgegenzunehmen, die höchste kulturelle Auszeichnung Chiles. Die beiden Ehrungen machen deutlich, dass Chile seine meistgelesene Autorin würdigen möchte.

Vgl. S. 85 ff.
Einige Monate davor hat Allende mit einem neuen Roman begonnen, der 1991 als *Der unendliche Plan* erscheinen wird. Die Lebensgeschichte ihres Mannes, William Gordon, die das Grundgerüst für das Buch liefert, hätte er nie so erzählen können, denn ihm fehle die Distanz, sagt sie einmal (vgl. R, S. 257). Distanz, sei sie zeitlich, räumlich oder emotional, empfindet die Autorin als grundlegend für eine literarische Verarbeitung. Ihr vielfach geäußertes Gefühl, eine Außenseiterin zu sein und nirgends richtig dazuzugehören, bildet für sie eine

Isabel Allende mit ihrer Tochter Paula auf Lesereise
in Deutschland, 1989

> »Einmal hörte ich eine berühmte afroamerikanische Schrift-
> stellerin sagen, sie habe sich, seit sie Kind war, in ihrer Fami-
> lie und in ihrem Dorf fremd gefühlt; sie fügte hinzu, dass fast
> alle Schriftsteller das so erlebten, auch wenn sie sich nicht
> von ihrer Heimatstadt wegbewegten. Es sei einer dieser Arbeit
> innewohnende Eigenschaft, versicherte sie; ohne die Unruhe
> des Andersseins gäbe es keine Notwendigkeit zu schreiben.
> Das Schreiben sei letztendlich ein Versuch, die eigenen Le-
> bensumstände zu begreifen und die Wirren des Daseins zu
> lösen, eine Besorgnis, die nicht den Durchschnittsmenschen
> plage, sondern nur die chronischen Nonkonformisten, von de-
> nen viele als Schriftsteller endeten, nachdem sie in anderen
> Beschäftigungen versagt hätten. Diese Theorie ließ mir einen
> Stein vom Herzen fallen: Ich bin kein Monster, es gibt andere
> wie mich.« (Isabel Allende, *Mi país inventado*, S. 16)

Voraussetzung für das Schreiben und ist gleichzeitig sein Ur-
sprung.

Hochzeit von Paula und Ernesto Im Sommer 1990 fliegt Allende zur Hochzeit ihrer Tochter nach Venezuela. Paula hat ihren Mann Ernesto vor zwei Jahren kennen gelernt, er wohnt einige Zeit bei ihr, während sie
in Virginia ihr Studium beendet. Sie ist ein Mensch mit einem großen Herzen und einem ausgeprägten sozialen Enga-
gement. Ihr Motto bei schwierigen Entscheidungen ist: »Was
ist das Großzügigste, was du tun kannst?« (Paula Frías; zit. n.:
www.isabelallendefoundation.org) Paula ist zutiefst religiös
und eine praktizierende Katholikin. Sie arbeitet ehrenamtlich
als Erzieherin und Psychologin in Armensiedlungen und anderen humanitären Projekten zuerst in Venezuela und, nachdem sie mit Ernesto nach Madrid gezogen ist, auch dort.
Ihre Flitterwochen verbringen die Frischvermählten in Schott-
land, dort schreibt die 27-jährige Paula einen Brief, auf dem
steht: »Zu öffnen, wenn ich sterben sollte«. Der Wortlaut des
Briefes ist in Auszügen in Allendes Lebensroman *Paula* zu lesen. Mutter und Tochter ist das gemeinsame Gespräch wichtig, sie diskutieren, philosophieren und holen sich beieinan-
der Rat. Paula ist ein nachdenklicher Mensch und gleichzeitig
erfrischend pragmatisch: Als sie an der Universität von Virgi-

Leben

nia studiert, hält ihre Mutter dort ein Seminar über »Kreatives Schreiben« ab. Weil die Dozentin sich noch nicht ganz klar ist, wie sie ihren Studenten die Angst vor dem weißen Blatt nehmen soll, gibt ihre Tochter ihr den verblüffend einfachen wie extrem wirkungsvollen Rat: »Sag ihnen, sie sollen ein schlechtes Buch schreiben, das ist leicht, das kann jeder.« (P, S. 453) Der Tipp funktioniert so gut – einer der Teilnehmer findet für sein Debüt einen großen New Yorker Verlag –, dass Allende ihn sich für verfahrene literarische Situationen zur Maxime gemacht hat.

»Nach ›Paula‹ ist alles anders« (1991-1996)

Als Isabel Allende ihren Roman *Der unendliche Plan* im Dezember 1991 in Madrid vorstellt, erfährt sie von der Einlieferung ihrer Tochter Paula ins Krankenhaus. Paula hat einen Porphyrie-Anfall erlitten, ist ins Krankenhaus gekommen und dort in ein Koma gefallen, aus dem sie nicht mehr erwachen wird. Porphyrie, eine genetisch bedingte Stoffwechselkrankheit, entsteht durch das Fehlen eines Enzyms. Normalerweise können die anderen Enzyme den Mangel dieses einen fehlenden Enzyms ausgleichen, bei Paula funktioniert es jedoch nicht. Ihre Mutter hat in diesem langen Jahr nur eine einzige Sorge: ihre Tochter ins Leben zurückzuholen. Sie geht

Allendes Tochter Paula Frías, 1991

an die Grenzen ihrer Kräfte und vernachlässigt dabei die Beziehung zu ihren Mitmenschen. Im Mai 1992 bringt Allende ihre Tochter von Madrid nach Kalifornien und versorgt sie in ihrem Zuhause weiter. Kurz darauf kommt in diesem Haus Andrea zur Welt, das zweite Kind von Nicolás, ihrem Sohn, und dessen Frau Celia. Beide wohnen in der Nähe, doch Celia ist meist bei ihrer Schwiegermutter und hilft, wo sie kann. Allende ist dankbar für diese gute Seele, die ihr zu einer treuen Freundin geworden ist; sie wird auch 1994 bei der Geburt von Celias drittem Kind, Nicole, dabei sein. Die Nähe und das Füreinanderdasein in den wichtigsten Momenten des Lebens, bei Geburt und Tod, lässt eine besonders enge Bindung zwischen beiden entstehen. Daran ändert sich auch nichts, als Celia sich einige Jahre später in einen anderen Mann verlieben und sich von Nicolás trennen wird (vgl. CZ, S. 139 und 160 f.).

Tod Paulas Am 6. Dezember 1992 stirbt Paula in Isabels und Williams Haus in San Rafael. Nach einem Jahr voller Hoffnung und Verzweiflung fügt sich Isabel Allende in das Unvermeidliche und lässt die Tochter gehen. Ein 8. Januar steht wieder einmal bevor, die erfolgreiche Autorin fühlt sich jedoch zu nichts fähig. Ihre Mutter kommt angereist und drängt die Tochter zum Schreiben. Sie bringt ihr die Briefe, die sie in diesem leidvollen Jahr von ihr erhalten hat. Und Allende schaltet den

»Paula« entsteht Computer ein: »Jeden Morgen dieses ganzen Jahres 1993 erhob ich mich mühsam vom Bett, schleppte mich bis zu meinem Schreibhäuschen, entzündete eine Kerze und setzte mich heulend und schniefend an den Computer.« (Allende 1996, S. 17) Sehr schwer fallen ihr auch berufliche Aufgaben, wie die Vorstellungsreise anlässlich der gerade erschienenen amerikanischen Ausgabe von *Der unendliche Plan* für den renommierten Verlag Harper & Collins, zu dem sie gewechselt war. Bei diesen Veranstaltungen hilft ihr ihre eiserne Disziplin und ihr starker Wille. Vom Publikum wussten die wenigsten, dass die Autorin vor ihnen gerade ihre Tochter verloren hatte. Sie muss sich sehr zusammennehmen, aber andererseits bedeuten die öffentlichen Auftritte auch eine gewisse Ablenkung, und die Begeisterung der Zuhörer baut sie auf und gibt ihr Kraft. Sieben Monate nach Paulas Tod, im Sommer 1993, bringt im gleichen Zimmer, in dem Paula starb, die drogenabhängige und HIV-positive Jennifer, William Gordons Tochter, ein Siebenmonatsbaby zur Welt. Jennifer lebt in Oakland, in einer heruntergekommenen Gegend, aber Allende und ihr Mann haben sie zu sich geholt. Das Neugeborene muss ins Krankenhaus und liegt in einem Brutkasten, wie seine Mutter ist es von dem Virus infiziert. Es ist ein Mädchen und heißt Sabrina. Wenige Wochen später verschwindet Jennifer und kehrt nicht mehr zurück. Die Polizei nimmt an, dass sie an einer Überdosis starb oder ermordet wurde, ihre Leiche wird nie gefunden. Das sind schwere Zeiten für Isabel Allende und

William Gordon, innerhalb von einem Jahr verlieren beide eine Tochter nach einer ungewöhnlich harten und belastenden Zeit.

Im November 1994 erscheint *Paula*, die deutsche und englische Übersetzung ein Jahr später; erst mit diesem Buch wird Allende in den USA so richtig bekannt. Das Schreiben von *Paula* hat Isabel Allende geholfen, mit der Krankheit und dem frühen Tod ihrer Tochter fertig zu werden. In ihrem Arbeitszimmer in Sausalito, 20 Minuten von ihrem Zuhause entfernt, stehen Paulas Babyschuhe in Kupfer gegossen, Fotos von ihr, Paulas Brief mit ihrer letzten Verfügung und die Urne, die ihre Asche enthalten hatte, bevor sie in dem Wäldchen verstreut wurde, in dem Allende heute mehrmals die Woche einen langen Spaziergang macht. Allende ist dankbar für alles, was sie aus dem Verlust ihres Kindes gelernt hat: das Leben mehr zu genießen, die Dinge anzunehmen, ohne sie gleich in gut oder schlecht einzuteilen, weniger leistungs- und zielorientiert zu sein und sich am Prozess des Schreibens zu freuen. Sie hat gelernt, dass nur die bedingungslos geschenkte Liebe die wahre Liebe ist.

»Paula« erscheint, vgl. S. 89 ff.

Aber die schwierige Zeit ist noch nicht vorüber. Allende fühlt sich oft niedergeschlagen und unsicher, ob sie je wieder wird schreiben können, sie fürchtet, die originellen Ideen könnten weniger werden oder gar ausbleiben (vgl. R, S. 252). Sie betont in einem Interview, dass sie sich von dem Druck, der auf ihr lastet, befreien müsse, es sei gar nicht so sehr ein Druck von außen, sondern von innen: Sie selbst erzeuge diese Anspannung durch ihre hohe Erwartungshaltung. Die dreijährige Schreibblockade nach *Paula* sei von ihrer »kritischen Stimme« bestimmt gewesen. Obwohl sie so erfolgreich ist und eine große Erfahrung als Schriftstellerin und Person des öffentlichen Lebens hat, fühlt sie sich einem wachsenden Druck ausgesetzt, so als

> »Ich kämpfe noch immer mit dieser kritischen Stimme in mir. Sie hat mit meinem Drang nach Erfolg zu tun und damit, wie ich immer höhere Ansprüche an mich selbst stelle. Diese kritische Stimme in mir mischt sich ständig ein! Sie scheint ununterbrochen zu verlangen, dass ich ein bestimmtes Niveau erreiche. Sie besteht darauf. Oder sie unterbricht den kreativen Fluss meiner Energie, indem sie auf bestimmte Mängel oder Unstimmigkeiten hinweist.« (Isabel Allende im Gespräch mit John Rodden; zit. n. R., S. 250)

müsse sie jeden Tag eine Prüfung bestehen; sie empfindet es als ungerecht, dass viele Kritiker kommerziellen Erfolg mit mangelnder literarischer Qualität gleichsetzen (vgl. zit. n. GL, S. 184).

Weiter leben – weiter schreiben Ende 1994 fasst sie einen Entschluss. Sie ist mit neuen Energien aus Chile zurückgekehrt, wo sie bei einer Rundreise alte Freunde besucht hat. Sie wird einfach etwas schreiben, was sie noch nie probiert hat: einen nicht-fiktionalen Text über ein lebensbejahendes, fröhliches, sinnliches Thema. Am 8. Januar

Isabel Allende mit Mario Vargas Llosa, ihrem deutschen Verleger Siegfried Unseld und Jorge Semprún, 1996

1995 beginnt sie. Sie stürzt sich in die »Arbeit«, wie immer ohne genauen Plan, nur mit einer groben Vorstellung. Sie recherchiert die Wirkungen verschiedener Gewürze, Speisen und Getränke auf das Liebesleben, kreiert zusammen mit ihrer Mutter, die für zwei Monate zu Besuch kommt, aphrodisische Gerichte, sucht nach erotischen Geschichten, Tricks und Kniffen; probiert alles an Freiwilligen aus ihrem Freundes- und Bekanntenkreis aus – nicht zu vergessen auch an sich selbst und ihrem Mann.

Anfänglich kommt sie mit dem Projekt wegen der Lesereisen und der Beantwortung der Unmengen von Leserbriefen zu

Paula nicht so voran, wie sie das erhofft hat, sie räumt jedoch ein, dass ihr die große Anteilnahme von Lesern aus aller Welt auch Kraft gibt.

In den USA wird Allende im Januar 1996 zur »Autorin des Jahres« gewählt, und Los Angeles ruft am 16. Januar 1996 den »Isabel-Allende-Tag« aus, eine Initiative öffentlicher Bibliotheken zur Leseförderung. Im Juni 1996 wird sie als erste lateinamerikanische Schriftstellerin mit dem Harold-Washington-Literary-Award geehrt. Diese Auszeichnung für »die kreative Verwendung des geschriebenen Wortes, um Themen des modernen Lebens anzusprechen« (zit. n. R, S. 294), haben zuvor Autoren wie Saul Bellow und Susan Sontag erhalten; er gilt für Allendes gesamtes Werk, aber besonders für *Paula*.

Mit den Einnahmen aus *Paula* ruft Allende 1996 die »Isabel Allende Foundation« ins Leben, eine Stiftung, die unterprivilegierten Frauen und Kindern in Fragen der Erziehung und Ausbildung helfen soll. Die Stiftung betreut mehrere Pro-

»Isabel Allende Foundation«

> »Ich habe ein paar Ersparnisse, verwendet sie, um Kinder zu unterstützen, die Schulgeld oder Essen benötigen.« (Paulas letzter Wunsch wurde zum Anliegen der Isabel-Allende-Stiftung; zit. n. Isabel Allende, *Paula*, S. 474)
>
> »Ich habe den Eindruck, dass, wenn man zum Beispiel die Frauen in einem Dorf in Bangladesch unterstützt, die ganze Gemeinschaft davon profitiert. Wenn man die Männer unterstützt, geben sie das Geld für Fahrräder oder sonst was aus.« (Isabel Allende im Gespräch mit Linda Gould Levine; zit. n. GL, S. 183).

gramme, darunter die Paula-Stipendien und seit 2001 die Espíritu-Awards, das sind Auszeichnungen, die jährlich in Bereichen wie Erziehung, Frieden, Gesundheitsfürsorge oder Leseförderung verliehen werden und die mit 5000-10000 US$ dotiert sind. 1998 richtet Allende einen Porphyrie-Forschungspreis ein.

Sie unterstützt zahlreiche Wohltätigkeitsvereine; ihre Einnahmen des Premierenabends von *Von Liebe und Schatten* spendet sie der Organisation Survivors International, die von *Das Geisterhaus* gehen an eine Aids-Stiftung.

Vermögen verpflichtet In Allendes Familie galt Luxus und Verschwendung als Sünde, ihr Großvater war sich selbst und seiner Familie gegenüber fast geizig, er war der Meinung, begütert zu sein sei gleichzeitig Privileg und Verantwortung. Isabel Allende zeigt im *Geisterhaus*, wie Clara und Blanca dem Gebot der Nächstenliebe nachkommen und die Armen unterstützen, genau wie sie als Kind mit ihrer Mutter Kleider und Essen in den Armensiedlungen verteilte.

Die erfolgreiche Schriftstellerin entspricht dieser Verpflichtung, aber im Gegensatz zu ihrer Erziehung tut sie sich selbst auch gern etwas Gutes, und nüchtern ist es in ihrem Haus keinesfalls: Mitbringsel von ihren Reisen, zeitgenössische Gemälde und frische Blumen zeigen, dass sie schöne Dinge schätzt. Ihre Freude am Schenken wirkt wie eine Trotzreaktion auf die Bescheidenheit der Familie, aber vermutlich spielt auch ihr großes Verantwortungsgefühl eine Rolle. Befragt nach dem Grund für ihre Hilfsbereitschaft, antwortet Allende: »Mein ungeduldiges Herz und die Gewißheit, daß ich viel bekommen habe und nichts ins Grab mitnehmen werde. Man hat nur, was man gibt. Das hat mich meine Tochter Paula mit ihrem heiteren Großmut und der leidvollen Erfahrung ihres langen Sterbens gelehrt.« (Zit. n. CZ, S. 97)

»Das Einzige, was man besitzt, ist die Liebe, die man gibt« (Seit 1997)

»Aphrodite« erscheint, vgl. S. 93 ff. 1997 erscheint *Aphrodite. Eine Feier der Sinne*, eine Mischung aus Kochbuch, Liebesratgeber, erotischen Erzählungen sowie Kuriosem und Wissenswertem zu aphrodisischen Speisen und Getränken. Ein Jahr später erfährt Allende erneut eine Bestätigung für ihre Entscheidung, auch nach der anfänglich unsäglichen Leere weiter zu schreiben: Sie erhält den Dorothy-and-Lillian-Gish-Preis, eine Auszeichnung, die »einem Mann oder einer Frau verliehen wird, die einen außerordentlichen Beitrag für die Schönheit der Welt und für die Freude der Menschen und das Verständnis des Lebens geleistet haben« (zit. n. GL, S. 16). Bisherige Preisträger waren unter anderen

Frank Gehry, Ingmar Bergman, Robert Wilson und Bob Dylan. Bis dahin hatte noch keine Frau, kein Autor und kein Lateinamerikaner diesen Preis erhalten.

Mit diesem Buch hat Allende sich bewiesen, dass ihr weder die Lust am Leben noch die Lust am Schreiben abhanden gekommen sind. Voller Tatendrang holt sie in Vorbereitung des magischen Januartags 1997 ihre Recherchen zu einem Thema hervor, über das sie schon 1992 schreiben wollte, über die Geschichte Kaliforniens im 19. Jahrhundert. Ihre dritte Heimat USA hat sie vor zehn Jahren freiwillig gewählt, und sie interessiert sich für das Land, in dem sie wohnt. Viele Hintergrundinformationen für den Goldrausch werden ihr auf dem Tablett präsentiert, da Kalifornien für 1999 eine 150-Jahr-Feier zum Thema ausrichtet und im Vorfeld viele Ausstellungen, Berichte und Bücher entstehen. Die Lebensgeschichten von Eliza Sommers und deren Enkelin Aurora del Valle spiegeln in vieler Weise Allendes Leben, und sie selbst sieht in *Fortunas Tochter* »ihre Lebensgeschichte« (GL, S. 172) erzählt.

Nach der Verhaftung Pinochets im Oktober 1998 in London, nimmt Isabel Allende Stellung; in ihrem Artikel »Pinochet Without Hatred« vom 17. Januar 1999 im *New York Times Magazine* betont sie, dass es ihr nicht darum ginge, Pinochet

Pinochets Festnahme

»General Augusto Pinochet tritt [1998] als Oberbefehlshaber der Streitkräfte zurück. Ungeachtet aller Proteste nimmt er das Amt als Senator auf Lebenszeit, das ihm aufgrund der unter ihm verabschiedeten Verfassung zusteht, an. Im Herbst wird er allerdings bei einem Krankenhausaufenthalt in London verhaftet. Der spanische Staatsanwalt Baltasar Garzón hatte einen internationalen Haftbefehl beantragt, da er Pinochet wegen des Todes mehrerer spanischer Staatsbürger nach dem Putsch 1973 belangen wollte, und die britischen Behörden setzen den General fest. Sie liefern ihn allerdings nicht nach Spanien aus – aus gesundheitlichen Gründen, und nicht, weil sie ihn für unschuldig halten. Pinochet kann erst nach 17-monatigem Hausarrest im März 2000 nach Chile zurückkehren. Sein Image ist ruiniert. Er wird nun weltweit als der blutige Diktator, der er war, angesehen.« (Günther Wessel, *Die Allendes*, S. 211)

in einer Zelle verrotten zu sehen; sie wünsche sich einen Prozess, der die Wahrheit ans Licht bringe. Sie beschreibt das Leben unter der Diktatur als ein »Gehen auf Eierschalen« und ein »Sprechen in Euphemismen«; »aus Angst haben wir die Erinnerung unter den Teppich gekehrt. Wir fürchteten die Worte und wir fürchteten, die Dinge beim Namen zu nennen.« Für Albas Versöhnungsangebot aus *Das Geisterhaus* wurde Allende oft gerügt; hier stellt sie klar, dass dem Vergeben die Bitte um Vergebung vorausgehen muss.

Vgl. S. 73

»Fortunas Tochter« erscheint, vgl. S. 96 ff.

Als *Fortunas Tochter* 1999 in die Buchhandlungen kommt, schreibt Allende schon am nächsten Roman, *Porträt in Sepia*. Ursprünglich nicht so geplant, verselbständigt sich auch dieses Buch, führt die Schicksale von Eliza Sommers, Tao Chi'en, Paulina del Valle, Severo und Nívea weiter und wird zum Fortsetzungsroman. Weil sie für den Vorgängerroman schon so viele Quellen wie Zeitungsartikel, Briefe, Fotos oder Biographien studiert und viele geschichtliche und gesellschaftliche Darstellungen gelesen hat, kann sie sich nun fast ganz auf das Schreiben konzentrieren. Außerdem hat sie ihre Arbeitsweise insofern geändert, als sie sich jetzt nur noch einer Sache widmet und nicht versucht, alles gleichzeitig unter einen Hut zu bringen: »Wenn ich schreibe, gebe ich keine Interviews, reise nicht, halte keine Vorträge, Lesungen, ich mache nichts. Ich schreibe nur. Und das schafft eine Art gefühlsmäßigen Raum, der außerordentlich wichtig ist, weil man in absoluter Stille und Einsamkeit sehr produktiv sein kann.« (Allende; zit. n. GL, S. 178) Und auf diese Weise ist sie schon bald beim Epilog angelangt: 2000 erscheint *Porträt in Sepia* im Original und in deutscher Übersetzung.

»Porträt in Sepia« erscheint, vgl. S. 99 ff.

Im Januar 2000 wird der Sozialist Ricardo Lagos in Chile zum Präsidenten gewählt; Pinochet wird im März aus der Haft entlassen und kommt zurück in sein Heimatland. Die öffentliche Diskussion ist bestimmt vom Thema Vergangenheitsbewältigung. Viele Chilenen sind gegen das drohende Gerichtsverfahren gegen den Exdiktator, nicht weil sie sich zu seinen Anhängern zählten, sondern weil sie gemäß chilenischer Mentalität den offenen Konflikt scheuen; man arrangiert sich und, so Allende 2002, »man vermeidet in Chile, von der Ver-

Vergangenheitsbewältigung in Chile

gangenheit zu reden« (MPI, S. 193). Die Chilenen nennen diese Vermeidungstaktik »convivencia«, was wörtlich übersetzt schlicht »Zusammenleben« heißt, praktisch ist es viel komplexer. Die von Lagos eingesetzte »Staatliche Kommission über Politik und Folter in Chile« (Fälle von Deportationen und Erschießungen waren 1991 von der Rettig-Kommission erfasst worden) legt im November 2004 den Valech-Bericht mit Aussagen von mehr als 27 000 Folteropfern vor. Der Beschluss der chilenischen Behörden von 2001, Pinochet könne wegen Altersdemenz nicht vor Gericht gestellt werden, wird aufgehoben, und der Exdiktator wird im Dezember 2004 wegen seiner Mittäterschaft an der »Operation Kondor« (die 1974 getroffene Übereinkunft acht lateinamerikanischer Diktatoren zur Verfolgung linker Oppositioneller) angeklagt und verhört. Mario Vargas Llosa hatte in einem Zeitungsartikel in *El País* vom 18. Oktober 1999 prophezeit: »Die interna-

»Widerwillig sah ich mich Paulina zu einer Lösung drängen, die weder sie noch ich wollten, und die uns dennoch unvermeidlich zu erwarten schien, sie, mich und das chilenische Volk. Ich musste meine imaginäre Gerichtsverhandlung mit einem Schluss ausgehen lassen, der die Realität Chiles und der Welt berücksichtigte. Meine Protagonistin fand sich [...] am Ende in einem Konzertsaal wieder, den sie mit einem Arzt teilen musste, der ihr einen nicht wiedergutzumachenden Schaden zugefügt hatte, sie musste die gleiche Luft atmen wie er und an seiner Seite die gleiche wunderbare Musik von Schubert hören, beide teilten das gleiche unglückliche, friedliche und verlogene Land. In *Der Tod und das Mädchen*, geschrieben 1991, als der friedliche Übergang in die Demokratie kaum begonnen hatte, konnten weder ich noch Paulina uns ein anderes Ende vorstellen. Und als wir vier Jahre später mit Polanski den Film drehten, setzte sich wieder die gleiche Situation durch, in der Opfer und Henker unbehaglich Seite an Seite leben.« (Ariel Dorfman über sein Theaterstück *Der Tod und das Mädchen*, in dem das Folteropfer Paulina nach der Diktatur ihrem Peiniger den Prozess machen will; Ariel Dorfman, »A la espera«)

tionale Klage gegen Pinochet trägt dazu bei, die Demokratisierung, die in Chile schon fest verankert ist, zu verbessern und zu beschleunigen.«

Salvador Allendes Tochter Isabel Allende Bussi sagt gegen den Exdiktator Pinochet aus, 1997

Eine Frau voller Energie   Isabel Allende hat es schon oft bewiesen: Die derben Streiche und Mutproben der Onkel, die sie als Kind auf sich nehmen musste, haben sie stark gemacht. Die sie kennen, können die Erzählungen von ihrer Kraft und Ausdauer nur bestätigen: »Isabels Energie macht einem vom bloßen Hinsehen schon müde.« (So Allendes Kolleginnen der *Paula*-Redaktion; zit. n. CZ, S. 238). Allende führt ihre Energie auf ihre robuste Gesundheit zurück: »Es ist in meinem Körper. Ich kann auch alles essen, ich kann überall schlafen, und ich bin nie müde. Wenn ich meine fünfwöchigen Lesereisen mache, gehe ich überall hin. Manchmal habe ich Begleiter, aber die gehen mir regelmäßig aus, weil sie einfach nicht mit mir Schritt halten können. Ich verfüge über eine enorme Energie, und das ermöglicht mir, die Welt in leuchtenden Farben zu sehen und Dinge zu tun, zu denen die meisten Menschen keine Zeit haben. Ich höre einfach nicht auf.« (Zit. n. Invernizzi 2000, S. 273) Trotz ihrer Kraft und Steh-auf-Männchen-Qualitäten spürt selbst Allende manchmal ihre Kräfte schwinden, aber sie wendet sich dann dem Schreiben zu, was ihr schon so oft geholfen hat.

Allende eröffnet das neue Jahrtausend mit der Rückkehr zu einem Genre, in das sie sich Anfang der 1970er Jahre vorgewagt hatte: Kinderliteratur. Da ihre Enkel allerdings schon aus dem Kleinkindalter heraus sind, hat sie eine Mischung aus Abenteuer- und Kriminalroman im Kopf. 2002 erscheint mit *Die Stadt der wilden Götter* weltweit das erste Buch der Trilogie *Die Abenteuer von Aguila und Jaguar*. Zu dieser Zeit hat sie schon den Folgeroman in Arbeit und schreibt gleichzeitig an einem ganz anders gearteten Text: einer langen Reflexion über ihre ganz persönliche Heimat, in der sie ihre Position zwischen Chile und den Vereinigten Staaten bestimmt. Ihre Gefühle, fremd zu sein und nie richtig dazuzugehören, haben

Die Abenteuertrilogie, vgl. S. 103 ff.

> »Hätte man mich vor kurzem gefragt, wo ich her sei, hätte ich ohne viel nachzudenken geantwortet, von nirgendwo oder aus Lateinamerika oder vielleicht mit dem Herzen aus Chile. Heute aber sage ich, dass ich Amerikanerin bin, nicht nur, weil es so in meinem Pass steht, oder weil dieses Wort Nord- und Südamerika einschließt, oder weil mein Mann, mein Sohn, meine Enkel, der Großteil meiner Freunde, meine Bücher und mein Haus im Norden Kaliforniens sind, sondern auch weil vor nicht allzu langer Zeit ein Terrorattentat die Zwillingstürme des World Trade Center zerstört hat, und seit diesem Moment haben sich einige Dinge geändert. Man kann in einer Krise nicht neutral bleiben. Diese Tragödie hat mich mit meiner Auffassung von Identität konfrontiert; ich merke, dass ich heute eine mehr in der buntgescheckten Bevölkerung Nordamerikas bin, genauso wie ich vorher Chilenin war. Jetzt fühle ich mich nicht mehr fremd in den Vereinigten Staaten.« (Isabel Allende, *Mi país inventado*, S. 13)

»Mi país inventado« und »Im Reich des Goldenen Drachen« erscheinen, vgl. S. 103 ff.

sich, auch nach den Geschehnissen des 11. September 2001, verändert. *Mi país inventado* erscheint 2003 zusammen mit *Im Reich des Goldenen Drachen*.

Privat genießt Allende es, ihre Familie um sich zu haben, auch wenn zu Willies beiden Söhnen wegen ihrer Drogenprobleme

Allendes Sohn Nicolás Frías mit seiner zweiten Frau Lori Barra, 1997

Die Familie nur ganz loser Kontakt besteht. Willies Adoptivsohn Jason hat sich aus beruflichen Gründen an der Ostküste niedergelassen; er arbeitet als Journalist und Schriftsteller. Ihr Schwiegersohn Ernesto hatte sein Vorhaben, nach dem Verlust Paulas Jesuitenpriester zu werden, verworfen und sich für Medizin eingeschrieben, inzwischen ist er erneut verheiratet; seine Frau Giulia Welch arbeitete bis zur Geburt ihrer Zwillinge als Isabel Allendes Assistentin. Die Ehe zwischen ihrem Sohn Nicolás und Celia war in die Brüche gegangen, doch im Januar 1999 hat auch er erneut geheiratet. Allende gibt offen zu, dass sie bei dieser Verbindung die Heiratsvermittlerin gespielt hat: »Was spricht dagegen? Nicolás war wie gelähmt, der hätte

Mit ihren drei Enkelkindern Andrea, Alejandro und Nicole (v. l.), 1995

von sich aus nie eine andere Frau gefunden [...], aber statt mir auf Knien zu danken, machen sie sich über mich lustig und sagen, ich würde mich in alles einmischen.« (Zit. n. CZ, S. 125) Nicolás' neue Frau, Lori Barra, war als Art Director verantwortlich für Allendes Buch *Aphrodite*, und ihre Firma betreut die Homepage der Autorin.

Die drei Enkelkinder Alejandro, Andrea und Nicole sind oft zu Besuch; nach der Trennung von Nicolás und Celia lebten sie sogar eine Zeit lang bei ihr. Sie liebt es, Großmutter zu sein, mit den Kindern zu spielen, mit ihnen zu basteln, und vor allem, ihnen Geschichten zu erzählen. 2004, im gleichen Jahr, als der letzte Band der Abenteuertrilogie *Im Bann der*

Allende bei
ihrer Rede als
Hans-Christian-
Andersen-Bot-
schafterin

»Im Bann der
Masken«
erscheint, vgl.
S. 105

Masken weltweit in mehr als zwanzig Sprachen erscheint, wird
Isabel Allende zur Hans-Christian-Andersen-Botschafterin
ernannt. »Märchen sind schon immer sehr wichtig gewesen,
sie sind für die Menschheit, was die Träume für den Einzelnen
sind«, äußert sich die Autorin, die sich in ihrer Dankesrede
auch bescheiden als »fabuladora« (zit. n. www.isabelallende.
com), als Geschichtenerzählerin, bezeichnet. Eine neue span-
nungsgeladene Geschichte präsentiert sie auch 2005: Im Sommer erscheint *El Zorro. Comienza la leyenda* (dt. *Zorro*).

»Zorro« er-
scheint, vgl.
S. 110 ff.

Die Schriftstellerin zwischen mindestens zwei Welten verlegt
je nach Stimmungslage ihre Heimat in ein imaginäres Land,
in ihre Bücher oder in ihr Zuhause nach Marin Country, wo
Paulas Asche verstreut wurde und ihre Enkelinnen zur Welt
kamen. Dort liegt ihr Haus auf einem Hügel, ihr Sohn Nicolás wohnt mit seiner Frau Lori nur zwei Minuten entfernt
an einem kleinen See, und am
Fuß des Hügels haben Er-
nesto und Giulia ein Haus:
»Die tiefste Trauer und die
größten Freuden meines Leben habe ich an diesem Ort
erlebt. […] Dies ist nun mein
Zuhause.« (Allende 2002)

> »Meine Wurzeln sind mehr
> in meinen Büchern zu fin-
> den als an einem bestimm-
> ten Ort, mein Zuhause wird
> mein Schreiben sein.«
> (Isabel Allende; zit. n. Ma-
> ya Jaggi, »A View From the
> Bridge«)

Werk

»Man muss jeden Tag boxen, wenn man Gewichte heben will«

Für Allende liegt das Erfolgsrezept des Schreibens in der Übung, nicht in der Inspiration: »Literatur ist in erster Linie Arbeit« (zit. n. CZ, S. 251), sagt sie sich und ihren Studenten und geht mit gutem Beispiel voran. Sie schreibt täglich, wenn nicht an ihrem neuesten Werk, dann Briefe, Reden, Vorträge, Artikel. Sie kann auf über 30 Jahre des Schreibens zurückblicken, persönliche Briefe und Tagebücher nicht eingerechnet. Die einzige Schreibblockade hat sie nach dem Tod ihrer Tochter Paula durchgemacht, ansonsten kennt sie die Angst vor dem weißen Blatt nicht.

Ihre bevorzugte Gattung ist der Roman. In das Genre der kurzen Erzählung vorgewagt hat sie sich – abgesehen von einigen Kindererzählungen aus der ersten Hälfte der 1970er Jahre – nur einmal: Zu *Geschichten der Eva Luna*, ihrem vierten Buch, bemerkte sie deswegen: »Ich schreibe Kurzgeschichten. Aber sie sind sehr schwierig. [...] Ich würde viel lieber einen Roman schreiben.« (Zit. n. Invernizzi und Pope 2000, S. 106)

Zur Literatur kam sie wie viele Autoren über den Journalismus, und dort war sie gelandet, weil ihr trockener Humor der Chefredakteurin eines feministisch angehauchten Frauenmagazins gefiel; deren Angebot für eine Kolumne nahm Allende an, »ohne zu ahnen, wie schwer es war, auf Bestellung amüsant zu schreiben« (P, S. 209), dennoch kommen ihr Witz und Ironie nie abhanden, selbst in augenscheinlich so ernsten und traurigen Texten wie *Paula*.

Vgl. S. 23 f.

Neben journalistischen Beiträgen verfasst sie Anfang der 1970er Jahre auch einige Theaterstücke; diese »Teamarbeit« hat ihr besonders zugesagt, denn nicht nur die Arbeit, auch die Verantwortung könne man mit anderen teilen.

Allende verlässt erst als fast 40-Jährige die »Peripherie der Literatur« (P, S. 404), wo sie ihre Texte zwischen Journalismus, Theaterarbeit und Kinderliteratur verortet. *Das Geisterhaus* (1984) ebnet ihr den Weg zur meistgelesenen Autorin lateinamerikanischer Literatur. Die drei nachfolgenden Bücher *Von*

Liebe und Schatten (1984), *Eva Luna* (1987) und *Geschichten der Eva Luna* (1989) sind noch dem magischen Realismus und lateinamerikanischer Atmosphäre verbunden. Damit bricht *Der unendliche Plan* (1991), auch wenn viele Kritiker Allende gerne auf die Erfolgsformel aus Folklore und Exotismus festlegen wollen. Mit *Paula* (1994) und *Aphrodite. Eine Feier der Sinne* (1997) überwindet Allende ihre Krise nach dem Tod ihrer Tochter und kehrt von nun an in einem schnelleren Rhythmus mit *Fortunas Tochter* (1999) und *Porträt in Sepia* (2000) zum gewohnt spannungsreichen Erzählen über Liebe, Rebellion, Politik und Abenteuer zurück. Die drei Bücher der Serie *Die Abenteuer von Aguila und Jaguar* (2002, 2003, 2004) schreibt Allende für ihre Enkel und andere lesebegeisterte Heranwachsende, dazwischen veröffentlicht sie noch *Mi país inventado* (2003, dt. *Mein erfundenes Land*, geplant für 2006), eine memoirenähnliche Reflexion über Chile und ihr Verständnis von Heimat. Ihr Roman *Zorro* (2005) stützt sich auf den Mythos des hispanischen Robin Hood.

In allen Büchern verarbeitet Allende eigene Erfahrungen. Schreiben bedeutet für sie, die eigene Geschichte vor dem Vergessen zu retten, und das heißt auch die Geschichte ihres Landes: »Schreiben ist eine Frage des Überlebens. Wenn ich nicht schreibe, vergesse ich, und wenn ich vergesse, ist es, als wenn ich nicht gelebt hätte.« (Allende 2000, S. 11)

Das Geisterhaus

Vgl. S. 40 f. Die Entstehung von Isabel Allendes erfolgreichstem Buch ist schon fast zum Gemeinplatz geworden: Als sie im venezolanischen Exil vom nahenden Tod ihres Großvaters in Santiago de Chile erfuhr, begann sie, ihm am 8. Januar 1981 einen Brief zu schreiben, ein Rundumschlag aus persönlichen Erfahrungen vor dem Hintergrund der politischen, gesellschaftlichen und historischen Ereignisse der vergangenen Jahrzehnte. Dieser Brief erreichte seinen Adressaten nicht mehr, wurde jedoch zum Ausgangspunkt eines 500-Seiten-Manuskripts, an dem Allende jede Nacht über ein Jahr schrieb, denn tagsüber arbeitete sie in einer Schule in Caracas und kümmerte sich um ihre beiden Kinder.

> »Für mich verbindet sich mit diesem Datum etwas Abergläubisches, weil es das Datum ist, an dem ich meinen ersten Roman begann. Heute fange ich all meine Bücher am 8. Januar an – nicht nur aus Aberglauben, sondern auch der Disziplin wegen!« (Isabel Allende im Gespräch mit John Rodden; zit. n. R., S. 229)

La casa de los espíritus (1982, dt. *Das Geisterhaus*, 1984) handelt von einer chilenischen Familie der Oberschicht im 20. Jahrhundert. Die Geschichte umspannt mehr als vier Generationen und wird erzählt von Alba, Tochter von Blanca, Enkelin von Clara und Urenkelin von Nívea del Valle. Albas Großmutter, Clara, heiratet Esteban Trueba, einen entschlossenen, ehrgeizigen jungen Mann, der es aus verarmten Verhältnissen zu einem der reichsten und angesehensten Männer des Landes bringt. Er macht aus dem völlig heruntergewirtschafteten Landgut »Drei Marien« einen florierenden landwirtschaftlichen Betrieb, der die Quelle seines Reichtums darstellt. Der Romantitel bezieht sich jedoch auf das Stadthaus der Familie in Santiago, eine herrschaftliche Villa, die sich nach und nach durch die von Clara in Auftrag gegebenen An- und Umbauten in ein undurchdringliches Gewirr von Zimmern, Fluren und Treppen verwandelt. Clara, eine einfühlende Frau mit hellseherischen Gaben und einem großen Herzen, zieht eine kuriose Gefolgschaft an, die es sich – ebenso esoterisch und spiritistisch veranlagt wie sie oder auch lediglich schutzbedürftig – in dem Haus bequem macht und es mit einem Hauch von Verschrobenheit und Geheimnis umgibt. Mit Clara und Esteban stehen sich Großmut, Aufopferung und Nächstenliebe auf der einen, Engstirnigkeit, Despotentum und patriarchalen Hierarchien auf der anderen Seite gegenüber.

Inhalt

Das Cover der spanischen Originalausgabe von »Das Geisterhaus«, 1982

Esteban und Clara haben zusammen drei Kinder. Die Zwillinge Jaime und Nicolás werden in einem Internat erzogen und nehmen als Kinder und Jugendliche kaum am Familienleben teil. Zwischen Blanca und ihrem Vater herrscht ein sehr distanziertes Verhältnis, als junge Frau verliebt sie sich in Pedro Tercero García, den Sohn von Truebas Vorarbeiter, was ihrem Vater cholerische Wutanfälle verursacht. Doch seine drohenden Verbote bringen die Verliebten nicht auseinander, und auch als der Vater seine Tochter in eine Ehe mit einem französischen Aristokraten drängt, führt sie die nicht standesgemäße Beziehung ein Leben lang heimlich fort.

Trueba macht sich durch seine erzkonservativen Ansichten, seine tyrannische und cholerische Art und durch seine ungebremste Triebhaftigkeit in der Familie wie unter seinen Landarbeitern viele Feinde. Als er Clara in einem Tobsuchtsanfall so brutal schlägt, dass sie mehrere Zähne verliert, entzieht sie sich ihm völlig durch lebenslanges Schweigen. Einzig zu seiner Enkelin Alba, der Tochter von Blanca und Pedro, hat Esteban eine engere Bindung. Sie liebt ihren Großvater, auch wenn sie seine politische Anschauung keineswegs teilt.

Vgl. S. 32 Trueba, der den Militärputsch gegen die Volksfrontregierung unterstützt hatte, sieht sich bitter enttäuscht, als er erkennt, dass die Militärs nicht daran denken, lediglich den Übergang zu einer parlamentarischen Demokratie konservativer Ausrichtung zu bilden, sondern schon längst ein Terrorregime errichtet haben. Welche Ausmaße die Verfolgung und Auslöschung Oppositioneller angenommen hat, wird er erst gewahr, als Alba wegen Untergrundaktivitäten verhaftet wird. Ehemals ein einflussreicher Mann der Politik, kann Trueba nicht verhindern, dass Esteban García, Oberstleutnant bei der politischen Polizei und zudem einer von Truebas vielen unehelichen Nachkommen, seinen jahrelang angestauten, abgrundtiefen Hass auf den Tyrannen an dessen Enkelin Alba auslässt. Infolge von Einzelhaft und Folter seelisch und körperlich gebrochen, steht Alba kurz davor, wahnsinnig zu werden. Nur durch die Erscheinung der inzwischen verstorbenen Clara, die ihr befiehlt, alle Ereignisse zu ordnen und aufzuschreiben, kann sie überleben.

Der Roman, auf den sich Allendes Weltruhm gründet, enthält schon alle Elemente, die ihre späteren Werke kennzeichnen: Historisches und Autobiographisches, Spannung, Freude am Erzählen, starke Frauen, Erotik und Leidenschaft. Kritiker finden im *Geisterhaus* aber auch alles, was Allende gerne vorgeworfen wird: ein Hang zu Kitsch, Melodram und Verklärung, traditionelle Rollenverhältnisse und Schwarz-Weiß-Malerei.

Das Geisterhaus beginnt und endet mit dem gleichen Satz: »Barrabas kam auf dem Seeweg in die Familie.« Das interpretierten Kritiker prompt als zyklische Struktur, die zusammen mit den phantastischen Elementen das Etikett des magischen Realismus rechtfertigte. Wegen der deutlichen Parallelen in Gattung, Aufbau, Personen und Geschehnissen wurde *Das Geisterhaus* sofort mit Gabriel García Márquez' Bestseller *Cien años de soledad* (1967, dt. *Hundert Jahre Einsamkeit*, 1970) verglichen und wird es heute noch. Wo die einen lediglich intertextuelle Bezüge etablieren, sprechen die anderen von plattem Plagiat.

Parallelen zu »Hundert Jahre Einsamkeit«, vgl. S. 118f.

Anders als in *Hundert Jahre Einsamkeit* macht in Allendes Familiensaga das Magische nach und nach politischen und zeitgeschichtlichen Belangen Platz, der Ton ist an vielen Stellen nüchtern und drastisch, dann heiter, zuweilen auch sarkastisch. Allendes Frauenfiguren sind Hoffnungsträger und gehen selbstbestimmt ihren Weg, auch wenn sie sich zuweilen angesichts patriarchaler Gewalt in eine Phantasiewelt flüchten. Die Frauen wirken wie Variationen ein und derselben Frau: die Schneeweiße (Nívea), die Helle (Clara), die Weiße (Blanca) und die Morgendämmerung (Alba) zeigen das Licht in verschiedenen Abstufungen, wobei Alba, die »Morgendämmerung«, symbolisch zu verstehen ist: Alba rekonstruiert aus den »Lebensnotizheften« ihrer Großmutter Clara, den Aufzeichnungen ihres Großvaters Esteban und gestützt auf Familienfotos, Erzählungen und eigene Erinnerungen die Familiengeschichte und verkörpert den Neuanfang.

Die Frauenfiguren

Die Männerfiguren sind ungleich verschiedenartiger: der aufopferungsvolle Wohltäter Jaime, der versponnen verträumte Nicolás, der gefühlvolle Liedermacher Pedro Tercero – Allen-

Die Männerfiguren

»Victor Jara sang und komponierte Lieder, die ihn unsterblich machten, er kämpfte auf seine Weise für die gerechte Sache. Und er starb mit 34 durch das Maschinengewehr eines Militärschergen. [...] Die Geschichten dieses Musikers, der sich der Geschichte seiner Leute verschreibt, sind schnell erzählt. Sie handeln von der Ungerechtigkeit in einem Land, das nur wenigen gehört, von Aufständen der Land- und Minenarbeiter, die niedergeschlagen wurden, von Kindern, die im Dreck spielen, die nie zur Schule gehen, und von dem Glück, dennoch etwas aus sich zu machen. ›Zerbrechlich wie ein Drachen, / über den Dächern von Barrancas / spielte das Kind Luchín / mit seinen Händen blau vor Kälte / mit dem Ball aus Lumpen / mit der Katze und dem Hund / das Pferd schaute zu ...‹« (Ricarda Solms, »Volkes Stimme«)

des Hommage an den chilenischen Sänger Victor Jara (1938-1973), der prominenteste Vertreter der »nueva canción chilena« der 1960er Jahre –, der perverse Aristokrat und Ehemann Blancas, Jean de Satigny, der revolutionäre Untergrundkämpfer Miguel, der grausame, von Rachsucht und unterdrücktem Groll verzehrte Esteban García und der jähzornige Tyrann Trueba. Letzterer wird als Verlierer dargestellt, der als Mann, als Vater und als Politiker scheitert: Die Gewalt, die er gesät hat, treibt seine Kinder in den Tod (seinen Sohn Jaime) oder ins Exil (Blanca und Pedro sowie seinen anderen Sohn Nicolás). Alba wird das Opfer von Esteban García, seinem eigenen Enkel. Dennoch erkennt Alba die späte Reue ihres Großvaters an und vergibt ihm.

Auf dem Weg zum Bestseller Zuerst hatte Allende keinen Verlag gefunden, dann setzte sich die spanische Literaturagentin Carmen Balcells für sie ein, und *Das Geisterhaus*, das in Chile anfangs der Zensur unterlag, machte seine Autorin fast über Nacht berühmt und wurde als gelungenes Erstlingswerk gefeiert, das Isabel Allende einen wohlverdienten Platz neben den »großen« Autoren der lateinamerikanischen Boom-Literatur, wie Vargas Llosa, García Márquez, Cortázar und Fuentes, verschaffte.

Vgl. S. 59 f. Kritisiert wurde Albas Haltung am Romanende, sie sei Ausdruck einer »geschichtlichen und politischen Harmonisie-

»Ich kenne eine junge Mutter, die verschiedene Exemplare in den Windeltüten ihres Neugeborenen durch den Zoll schmuggelte. Ich weiß nicht, wie viele auf diesem, die Zensur verhöhnenden Weg ins Land kamen. Ich glaube nicht, dass es viele waren, aber im Land vervielfältigten sie sich durch Kopien, die von Hand zu Hand gingen. Man erzählte mir von Wartelisten für die Lektüre.« (Isabel Allende, »La magia de las palabras«, S. 450)

»Und jetzt suche ich nach meinem Haß und kann ihn nicht finden. Ich fühle, daß er in dem Maße erlischt, in welchem ich meinen Großvater verstehe und ich durch die Hefte von Clara, die Briefe meiner Mutter, die Verwaltungsbücher der Drei Marien und so viele andere Dokumente, die jetzt in meiner Reichweite auf dem Tisch liegen, erfahre, wie alles gekommen ist. Es wird mir schwer werden, alle zu rächen, die gerächt werden müssen, weil meine Rache ein weiterer Teil des einen, unerbittlichen Ritus sein würde. Ich will denken, daß mein Amt das Leben ist und meine Aufgabe nicht darin besteht, den Haß fortzusetzen, sondern nur, diese Seiten zu füllen, während ich auf die Rückkehr Miguels warte, während ich meinen Großvater zu Grabe trage, der jetzt in diesem Zimmer neben mir liegt, während ich darauf warte, daß bessere Zeiten kommen, und während ich das Geschöpf austrage, das in meinem Bauch lebt, Tochter so vieler Vergewaltigungen oder vielleicht Tochter Miguels, aber vor allem meine Tochter.« (Die Romanfigur Alba in Isabel Allende, *Das Geisterhaus*, S. 500 f.)

rungstendenz« (Scheerer und Scheerer 1992, S. 246), die den Befürwortern der Diktatur als Gewissensentlastung für die unter Pinochet begangenen Menschenrechtsverletzungen diene. Andere wiederum sahen Albas Einstellung jedoch als den Versuch, den Teufelskreis aus Verbrechen und Rache aufzubrechen (vgl. Shaw 1999, S. 280). Inzwischen – mehr als 20 Jahre später – gilt *Das Geisterhaus* in akademischen Kreisen als *das* Hauptwerk des Post-Boom, womit man in Abgrenzung zu den älteren Autoren um Vargas Llosa und García Márquez die Generation jüngerer Schriftsteller bezeichnet, die zurückkehrt zum unkomplizierteren Erzählen ohne stän-

»Das Geisterhaus« als Hauptwerk des Post-Boom, vgl. S. 118

> »Bille August hat auf eine ruhige, unprätentiöse Erzählweise gesetzt und dann immer wieder die Sentimentalität gewagt, was erstaunlich ist in einer Zeit, in der die ausgetüftelte Kargheit zählt […]. *Das Geisterhaus* ist auch eine hinreißende Schnulze, und dies sei hier ausdrücklich als Lob verstanden.« (Hans Schifferle, »Es war einmal in Chile«)

diges zeitliches Hin und Her und andere formale Experimente.

Bei den Lesern hat Allende die Väter des Boom jedoch schon lange überholt, auf der Liste meistverkaufter lateinamerikanischer Literatur in Deutschland liegt *Das Geisterhaus* an erster Stelle vor *Hundert Jahre Einsamkeit*; danach folgen *Von Liebe und Schatten* und *Eva Luna*.

Mit Jeremy Irons, 1993

Am 21. Oktober 1993 wurde in München der Spielfilm *Das Geisterhaus* unter der Regie des Dänen Bille August welturaufgeführt. Alle tragenden Rollen sind mit Weltstars besetzt, un-

Verfilmung

ter anderen Meryl Streep, Jeremy Irons, Glenn Close, Wynona Rider, Antonio Banderas, Vanessa Redgrave und Armin Müller-Stahl. Der Film – gedreht mit einem Budget von 25 Millionen US$ in Portugal und Kopenhagen – wurde, außer in den USA, ein großer Publikumserfolg, auch wenn er von der Kritik höchst unterschiedlich bewertet wurde.

Von Liebe und Schatten

Allende hatte die Herausforderung ihrer Agentin, »ein gutes Erstlingswerk könne jeder schreiben, wirkliches Talent zeige sich aber erst beim zweiten Buch« (zit. n. CZ, S. 93), angenommen und begann am 8. Januar 1983 mit der Arbeit an ihrem zweiten Roman. Erneut verarbeitete sie in *De amor y de sombra* (1984, dt. *Von Liebe und Schatten*, 1986) wahre Begebenheiten: 1978 entdeckte ein Priester in einer verlassenen

Vgl. S. 40

Mine in dem Dorf Lonquén südlich der Hauptstadt Santiago ein Grab mit den Leichen von 15 Menschen, die in den ersten

Werk

Mit Vanessa Red-
grave und Meryl
Streep, 1993

Tagen nach dem Putsch am 11. September 1973 von Militärs
ermordet worden waren. Der Oberste Gerichtshof, Chiles
höchste Justizinstanz, konnte das Verbrechen nicht vertu-
schen und verurteilte acht Mitglieder der chilenischen Militärpolizei des Mordes, doch aufgrund der von Pinochet am 19.
April 1978 erteilten Generalamnestie gingen die Schuldigen
straffrei aus. Die Minen wurden 1980 gesprengt, um den Ort
nicht zu einem greifbaren Mahnmal für die Opfer der Pino-
chet-Regierung werden zu lassen.

Die Nachricht war 1978 um die Welt gegangen, und Allende
hatte damals alle Artikel und andere Presseberichte zum
Thema ausgeschnitten und gesammelt – wie sie es auch heute
noch bei Meldungen macht, in denen sie Stoff zum Schreiben
wittert. Sie las auch den entscheidenden Bericht *Lonquén*
des christdemokratischen Juristen Pacheco, der eine Fülle
von Originaldokumenten enthielt: Zeugenaussagen, Einga-
ben von Familienangehörigen der Opfer, Zeitungsartikel, Ur-
teile des Obersten Gerichtshofes und offizielle Verlautbarun-
gen der Kirche.

Der Roman spielt in Chile während der Militärdiktatur. Die
Hauptfigur Irene Beltrán lebt seit ihrem siebzehnten Lebens-
jahr allein mit ihrer Mutter. Beatriz Alcántara ist eine typische
Vertreterin der Großbourgeoisie und sieht es demgemäß
nicht gerne, dass ihre inzwischen erwachsene Tochter ihre
Zeit mit Francisco Leal verbringt, dem Sohn eines Exilspa-

Inhalt

»Und als hätten die unwiderlegbaren Ergebnisse der Nachforschungen internationaler Kommissionen jeglicher Art, die be-
gründeten Hinweise der Kirchen, die Aussagen unzähliger Verwandter nicht genügt, wurden jüngst in Chile etliche geheime
Friedhöfe entdeckt. Die Regierenden freilich lehnen weiterhin
jede Verantwortung ab. Sie lehnen sie ab, begnadigen aber
gleichzeitig die Mörder und verbieten die Totenfeiern. In dieser
Lage stellt sich unvermeidlich die Frage: Kann man für die Verschwundenen in diesen Ländern etwas tun? Will sagen, etwas
mehr als protestieren, Bittschriften unterzeichnen, Familienan-
gehörige unterstützen, die sich im Hungerstreik befinden, sich
mit den Vereinigungen für Menschenrechte solidarisieren, aus-
ländische Persönlichkeiten schicken, damit sie gründliche
Nachforschungen fordern? Können wir etwas ganz Spezifisches
tun, wir, als Schriftsteller, kann man – sagen wir – etwas *Ein-
fallsreicheres* tun? […] Ich glaube, daß die Literatur angesichts
dieser Exzesse, dieser Atmosphäre des Auseinandergebrochen-
seins, dieser unlösbaren Rätsel, eine Aufgabe übernehmen
kann […]. Schreiben ist eine Antwort, eine der Antworten, die
uns der Wahrheit näher bringen und sie beschwören.« (Ariel
Dorfman, *Ödipus zwischen den Bäumen*, S. 255 f. und 260)

niers, der im Bürgerkrieg auf der Seite der Republikaner gegen Franco gekämpft hatte; zumal Irene mit Gustavo Mo-
rante, einem Hauptmann der Armee, verlobt ist.
Irene und Francisco haben sich in der Redaktion der Zeitschrift kennen gelernt, für die sie als Journalistin und er als
Fotograf arbeitet. Oft fahren sie gemeinsam zu Terminen, so
auch im Fall der Reportage über Evangelina Ranquileo, eigentlich eine »Flores«, denn das Mädchen wurde als Baby im
Krankenhaus mit der Neugeborenen der Flores-Familie ver-
tauscht. Die 15-jährige Evangelina wird wie eine Heilige verehrt, weil sie angeblich Wunder bewirken kann; jeden Tag um
die Mittagszeit findet sich eine große Schar Schaulustiger und
Wunderpilger ein, die den pünktlich eintretenden krampfar-
tigen Anfällen beiwohnen will, die das junge Bauernmädchen
erleidet. Als Irene und Francisco die Familie interviewen, erscheint auch der Offizier Juan de Dios Ramírez mit einigen

Soldaten, um das Mädchen wegen Erregung öffentlichen Ärgernisses festzunehmen. Evangelina, bereits in ihrem tranceähnlichen Zustand, wehrt sich gegen Ramírez und schleudert ihn mit ungeahnter Kraft über den Hof, und der Offizier zieht gedemütigt ab.

Evangelinas Mutter wendet sich einige Zeit später an Irene, da ihre Tochter verschwunden ist. Irene und Francisco gehen dem Fall nach und entdecken in einem verlassenen Bergwerk Evangelinas Leiche und die ihres Bruders Pradelio sowie die Überreste mehrerer verschwundener Bauern aus der Umgebung. Sie wenden sich an Franciscos Bruder José, den Arbeiterpriester, der die Nachricht an den Kardinal weitergibt. Dieser ist sich bewusst, dass ein Verbrechen solchen Ausmaßes an die Öffentlichkeit gelangen muss, und schickt eine Kommission aus unabhängigen Beobachtern zur Mine, um den Fund zu dokumentieren; der Fall kommt an die Presse und vor Gericht.

Neben diesen Ereignissen, die historische Fakten aufgreifen, entwickelt sich die persönliche Geschichte von Irene und Francisco weiter; sie sind inzwischen ein Liebespaar geworden, Irene wird angeschossen und erholt sich im Krankenhaus und später an einem versteckten Ort. Währenddessen wird die Flucht der beiden vorbereitet, denn ihre Verwicklung in den Fall hat sie auf die schwarze Liste des Diktators gebracht. Mit Hilfe von Mario, einem homosexuellen Friseur, der durch seine Arbeit Verbindungen zu den regierenden Kreisen unterhält, gelingt es Francisco und Irene über das Gebirge außer Landes zu fliehen. Der Roman endet mit einem letzten Blick zurück und der Beschwörung »Wir kehren zurück, wir kehren zurück ...«

Wie Alba im *Geisterhaus* wird auch Irene durch die Liebe von Unwissenheit und Naivität zu politischem und sozialem Bewusstsein und zum Widerstand geführt. Unterfüttert wird die Entwicklungsgeschichte der jungen Frau von zahlreichen Charakteren und Ereignissen, die mit viel Lokalkolorit versehen die verschiedenen gesellschaftlichen Schichten repräsentieren.

Politisches Bewusstsein

Irenes nur auf den Schein bedachte Mutter verkörpert die Oberschicht, die das »harte Durchgreifen« des Diktators mit der dadurch erzielten Ordnung und Sauberkeit legitimiert, während sie das allzu offensichtliche Verschwinden Oppositioneller schlichtweg als subversive Propaganda abtut. Die Leals stehen für die Gruppe engagierter Intellektueller, deren Söhne im Widerstand aktiv sind. Die Familien Ranquileo und Flores mit ihren vertauschten Evangelinas repräsentieren die einfache Landbevölkerung. Die eine Evangelina fällt der Militärgewalt zum Opfer, die andere bringt stellvertretend für die Schicksale der Verschwundenen das Verbrechen an ihrer »Schwester im Geiste« an die Weltöffentlichkeit.

Allendes Sprache ist einfach und klar, abwechslungsreiche Beschreibungen laden zur unterhaltsamen Lektüre ein, während das Zueinanderfinden der Helden, die Aufdeckung des Massakers, die Verfolgung und anschließende Flucht Irenes und Franciscos im Stil einer Detektivgeschichte dramatisch und spannungsvoll erzählt werden.

Vgl. S. 36 f. Allende stützt sich auch in *Von Liebe und Schatten* auf viele autobiographische Elemente: Franciscos Arbeit in der Opposition – er zeichnet Interviews mit Folteropfern auf und schmuggelt die Zeugenaussagen außer Landes, er versteckt Verfolgte und verhilft ihnen zur Flucht, er beschafft illegale Ausweise und legt Karteikarten mit Informationen über Folterer an – und Irenes politische Bewusstwerdung.

»Was ich über Irene schreibe, ist fast identisch mit dem, was ich selbst erlebte: nach außen hin scheinbare Normalität und im Innern das ganze Entsetzen angesichts der Realität.« (Isabel Allende im Gespräch mit Celia Correas Zapata; zit. n. CZ, S. 95).

Die Erwartungen, die Allende mit dem großen Erfolg ihres Debüts geweckt hatte, sahen viele Kritiker enttäuscht. Die Liebesgeschichte wurde als zu kitschig empfunden, die Darstellung der Militärs als geschönt, und man beklagte die unstimmigen Charaktere: Francisco sei so intelligent, gutaussehend, stark und witzig, dass er wenig überzeugend wirke (vgl. Shaw 1999, S. 282).

Umgang mit der eigenen Vergangenheit Zugute gehalten wird dem Roman, dass die Mischung aus Anklage und Verständnis den »monströsen historischen Gehalt« (Múñoz 1991, S. 65) erst lesbar gemacht und Nicht-Fach-

Werk

Foto aus dem Film »Von Liebe und Schatten« mit Antonio Banderas und Jennifer Connelly, 1994

leuten Einsichten in soziale Missstände und Menschenrechtsverletzungen gewährt habe, die Fachliteratur wie Pachecos Dokumentation nicht erreichen kann, wobei Unterhaltungsliteratur und ein stereotypes Beziehungsmuster keineswegs »(ethischen) Relativismus oder (politischen) Konformismus« (Herlinghaus 1994, S. 87) bedeute.

Von Liebe und Schatten wurde in Chile zum Verkaufsschlager; beim deutschen Publikum eroberte der Roman kurz nach seinem Erscheinen die Bestsellerliste, hielt sich 15 Monate auf dem ersten Platz und war 1986 »Buch des Jahres«, Allende wurde im gleichen Jahr zum zweiten Mal »Autorin des Jahres«.

Der Roman wurde von der amerikanischen Regisseurin Betty Kaplan »auf eine eher privat anmutende Art und Weise« verfilmt, so Allende: »Mir gefällt der Film noch besser als *Das Geisterhaus*, weil er sich sehr eng an die Buchvorlage hält.« (Zit. n. R, S. 242) Antonio Banderas war in der Rolle des Francisco zu sehen, Jennifer Connelly spielte Irene.

Verfilmung, vgl. S. 122 f.

Eva Luna

Allende verfasste *Eva Luna* (1987, dt. *Eva Luna*, 1988) in ihrem letzten Jahr in Venezuela, einer Zeit des persönlichen und beruflichen Umbruchs: Scheidung, Umzug in die USA, Schriftstellerin als Vollzeitjob. Der Erfolg ihrer ersten beiden Bücher

Vgl. S. 44 ff.

»Bei *Eva Luna* war es ein wunderbares, positives Gefühl. Es war die Entdeckung, dass ich endlich gerne Frau war; vierzig Jahre wollte ich ein Mann sein, ich dachte, es sei besser, ein Mann zu sein. Mit über vierzig entdeckte ich, dass ich all die Dinge getan hatte, die Männer tun können, und noch viel mehr; ich entdeckte, dass ich in meinem Leben Erfolg gehabt hatte. Ich war mit mir zufrieden. Und genau darum geht es in dieser Geschichte; es geht um das Geschichtenerzählen und darum, eine Frau zu sein.« (Isabel Allende auf die Frage nach den unterschiedlichen Ausgangspunkten ihrer Bücher; zit. n. Elyse Crystall u. a., »Erzählen aus Leidenschaft«, S. 131)

hatte ihr so viel Selbstbestätigung und auch finanzielle Freiheit gegeben, um diesen Schritt zu wagen.

Eva Luna ist weniger politisch und historisch verankert als *Das Geisterhaus* und *Von Liebe und Schatten* und als eine Art verstecktes Porträt Venezuelas mehr auf Allendes neues Lebensumfeld bezogen.

Inhalt In *Eva Luna* erzählt die gleichnamige junge Frau ihr Leben: Eva wird mit sieben Vollwaise, durchläuft als Dienstmädchen verschiedene Haushalte, kommt durch den Straßengauner Huberto Naranjo in das Etablissement einer distinguierten »Señora«, unterhält sie mit spannenden Geschichten und lernt dafür im Gegenzug lesen und schreiben. Nach einer Razzia gabelt sie der freundliche Araber Riad Halabí auf, der in Agua Santa, einem gottverlassenen Nest fern der Hauptstadt, einen Gemischtwarenladen betreibt. Eva bleibt bei ihm als Hilfe für Haushalt und Laden und als Unterhaltung für Riads vom Leben und von ihrem Mann enttäuschte Gattin Zulema.

Während ihres fast zehnjährigen Aufenthalts entsteht zwischen Riad und Eva eine enge Beziehung, und sie sieht in ihm den Vater, den sie nie hatte. Sie kniet sich mit wachsender Begeisterung in die Unterrichtsstunden bei der Lehrerin Inés, liest die Geschichten aus *Tausendundeiner Nacht* allein viermal und verschlingt jedes Buch, das ihr in die Hände fällt. Sie folgt dem Rat der Lehrerin, doch ihre Gedanken und Gefühle

– ihr Leben – in Worte zu fassen, und beginnt, Geschichten zu schreiben.

Als Zulema aus Liebeskummer Selbstmord begeht, wird Eva von der Polizei des Mordes verdächtigt, brutal verhört und misshandelt. Riad erreicht ihre Freilassung, und Eva kehrt wegen der Gerüchte um eine angebliche Beziehung zwischen ihr und dem Mann, der ihr Vater sein könnte, in die Stadt zurück. Dort findet sie Unterschlupf bei Melecio, einem Vertrauten aus der Zeit bei der Señora, zudem transsexuell und als hinreißende Mimí Sängerin in einem Nachtklub. Aus einer provisorischen Hausgemeinschaft entwickelt sich eine langjährige und innige Freundschaft. Mit Huberto Naranjo, inzwischen ein führender Kopf der Rebellenbewegung, geht Eva eine riskante Liebesbeziehung ein, denn plötzlich ist sie mitten drin in den politischen Wirren, die das Land erschüttern. Mit Politik wollen sie und Mimí jedoch nichts zu tun haben, denn beide sind froh über ihren Weg aus der Gosse in eine elegante Wohnung eines angesehenen Viertels: Mimí ist inzwischen eine beliebte Schauspielerin, die in »Señor Aravena«, dem Präsidenten des nationalen Fernsehens, den »Mann ihres Lebens« gefunden hat. Sie hat Eva dazu angetrieben zu schreiben und ihr einen Auftrag für das Drehbuch zu einer Seifenoper verschafft. Trotzdem lassen sich beide von Huberto dazu breitschlagen, bei der Befreiungsaktion seiner Untergrundkämpfer zu helfen.

Dabei lernt Eva den für seine brisanten Reportagen berühmten Dokumentarfilmer Rolf Carlé kennen. Die emotionale Distanz zu Huberto vergrößert sich in dem Maße, indem sie sich dem zärtlichen wie in sich ruhenden Rolf näher fühlt. Gebürtiger Österreicher, wurde er als Jugendlicher von seiner Mutter zu Verwandten in eine österreichische »Kolonie« nach Venezuela geschickt. Um Eva wegen ihrer Teilnahme am Ausbruch der Guerrilleros vor etwaigen Repressalien zu schützen, führt er sie in die entlegene Berggegend seiner Jugend, wo sich beiden ihre Liebe offenbart. Weil es zu riskant für ihn wäre, sein Filmmaterial von der Befreiungsaktion zu veröffentlichen, bittet er Eva, den Tathergang in ihrem Drehbuch zu schildern. Eva erzählt so aller Welt in einer offen-verdeckten

Form, wie die Inhaftierten haben ausbrechen können, und straft somit die offizielle Version Lügen, die in den Nachrichten verbreitet worden war.

»Eva Luna« als Schelmenroman? *Eva Luna* ist oft mit den spanischen Schelmenromanen in Zusammenhang gebracht worden. Die Ich-Erzählung, Evas humorvoll abgeklärter Ton, ihre Irrfahrt von einer Señora zur nächsten durch eine Welt des Elends, sozialer Ungerechtigkeit und politischer Korruption, Evas Geschick, ihr rebellischer Charakter und ihr starker Wille legen eine solche Einordnung nahe. Doch es handelt sich nur um Anklänge, denn die phantastischen Elemente und besonders die Charakterisierung der Protagonistin kippen das Modell wieder. Eva ist keine bauernschlaue, skrupellose »pícara«, die nur auf ihren Vorteil aus ist und immer ihre Haut zu retten weiß. Sie ist in vielen Szenen bis zur Naivität ehrlich, sie ist moralisch integer und verfolgt ein hehres Ziel: das Geschichtenerzählen und das Schreiben.

> »Eine Änderung der Geschlechterverhältnisse oder eine politische Integration der Frauen war hingegen nicht vorgesehen. Letztlich vertrat die Regierung Allende ein ähnliches Frauenbild wie ihre konservativen Gegner, denn in ihrem revolutionären Konzept reduzierte sie die Rolle der Frauen auf die den männlichen Revolutionär unterstützende und ihm politisch folgende *compañera*.« (Barbara Potthast, *Von Müttern und Machos*, S. 369)

Die den Roman bestimmende Thematik ist der Geschlechterkampf: »Wir Frauen sollten zum Kampf beitragen, aber von den Entscheidungen und von der Macht waren wir ausgeschlossen.« (EL, S. 296) Eva verlässt zwar nach einem Streit ihren Geliebten, doch bei seiner Rückkehr zwei Wochen später nimmt sie ihn mit offenen Armen wieder auf.

Vgl. S. 14, 16 f., 20, 121 f. Das Thema von *Eva Luna* – der Weg einer Frau zur Literatur und zum Schreiben – bestimmt auch Allendes Leben: Beide Frauen begeistern sich für Hörspiele, Lesen, Tagebuchschreiben und die Geschichten aus *Tausendundeiner Nacht*, sie ändern gern kitschige Liebesromane in dramatische Abenteuergeschichten um und sind davon überzeugt, dass nur ein eigenes Konto frei und unabhängig macht. Evas gefühlvolles Bekenntnis: »Das Schreibenkönnen war das Beste, was mir in meinem ganzen Leben widerfahren war« (EL, S. 195) hat Allende in einem ihrer vielen Interviews so oder ähnlich formuliert. Und vermutlich wegen dieser vielen Ähnlichkeiten »schrieb […] *Eva Luna* sich fast von allein, ohne mein Zutun« (P, S. 434), so die Autorin.

Eva Luna eroberte kurz nach seinem Erscheinungstermin in Deutschland den ersten Platz der Bestsellerlisten und blieb dort über ein Jahr. Allendes dritter Roman wurde kritisiert als Bekräftigung der traditionellen Rollenverteilung (vgl. Gregory 2003, S. 101)

> »Eva Luna bringt das eigentliche Thema der Chilenin zur Entfaltung, die condition féminine auf dem lateinamerikanischen Subkontinent, gestaltet aus der Perspektive einer Frau.« (Hermann Herlinghaus, »Isabel Allende – Chronik und Phantasie, Chronik und Geschichte«, S. 270)

und gleichzeitig gelobt als »female *bildungsroman*«, als »satirischer Querschnitt durch die Gesellschaft ihres [Allendes] Exillandes« (Wittig 1991, S. 7) und als postmoderne Version von *Tausendundeiner Nacht* (vgl. GL, S. 57).

Geschichten der Eva Luna

An den *Cuentos de Eva Luna* (1989, dt. *Geschichten der Eva Luna*, 1990) schrieb Allende 1988. Damals lebte sie schon in Kalifornien und heiratete im Juli William Gordon; sie war beruflich und privat sehr in Anspruch genommen und hielt die kürzere Gattung für besser vereinbar mit ihrem vollen Terminkalender. Inspiration fand sie vor allem in ihrer Mappe mit Zeitungsausschnitten kurioser Begebenheiten und Personen.

Vgl. S. 47 f.

Eva Luna ist die Seifenoper, die Eva als Erwachsene schreibt, die *Geschichten der Eva Luna* erzählt sie jede Nacht ihrem Geliebten. Für die Autorin gehören beide Bücher zusammen, und beiden steht ein Motto aus

> »Eva Luna ist eine Geschichtenerzählerin, und die Kurzgeschichten, die sie erzählt, sind nicht im Roman enthalten. Daher bin ich im Augenblick damit beschäftigt, diese Kurzgeschichten aufzuschreiben.« (Isabel Allende; zit. n. Douglas Foster, »Die Frau hinter den Geschichten«, S. 96)

Tausendundeiner Nacht voran. Eingerahmt sind die Geschichten von einem Vorwort und einer Schlussgeschichte, die Rolf Carlé zum von Worten berauschten Kalif erheben und Eva zur lateinamerikanischen Scheherazade. Das Motiv der Geschichtenerzählerin, die ihre Zuhörer fesselt, ist in beiden Büchern zentral und wird in der Eröffnungsgeschichte »Zwei Worte« am Beispiel der jungen Belisa Crepusculario ausgeführt. Belisa, Evas respektive Allendes Alter Ego, verdient sich ihr Leben mit Beredsamkeit, sie verfasst für andere Bittgesuche, Glückwunschkarten oder Liebesbriefe und erzählt auf Wunsch auch Märchen oder Träume.

Die Liebe aus Frauensicht Durchgängiges Thema der 23 Geschichten ist die Liebe aus dem weiblichen Blickwinkel der Autorin. Aus offensichtlicher Abhängigkeit wird Selbstbestimmung. Die Frauenfiguren verfügen über ihren Körper und genießen ihre Sexualität; sie sind Prostituierte oder Frauen von Stand, sie setzen sich gegen aufdringliche Männer zur Wehr und rächen unerbittlich und mutig ihnen geschehenes Unrecht. Selbst augenscheinlich schwache sind bei Allende starke Persönlichkeiten, so Hortensia aus der Erzählung »Wenn du an mein Herz rührtest« oder Maurizia Rugieri aus »Tosca«, die sich als Verkörperung der Tosca aus der gleichnamigen Puccini-Oper begreift. Nach einem Leben im Selbstbetrug wird sie für einen Moment der Wirklichkeit gewahr, doch gefangen in ihrer Phantasiewelt, kehrt sie dem eigentlichen Mann ihrer Träume ein zweites Mal den Rücken. »Tosca«, was so viel wie »grob« und »ungeschliffen« bedeutet, wurde als parodische Subversion, als totale Umkehr der traditionellen Rollenverteilung interpretiert (Koene 1998, S. 270): Maurizia hält mit unglaublichem Starrsinn und eisernem Willen an ihrem Märchen von Prinz und Prinzessin fest, während ihr Mann bereit ist, alles für die Liebe zu tun.

Ein Musterstück für Frauensolidarität stellt »Das Gold des Tomás Vargas« dar. Anfangs noch Feindinnen, tun sich die erniedrigte Ehefrau und die geschwängerte Geliebte zusammen und verweigern ihrem Ausbeuter Bett und Gehorsam; vom respektierten Weiberheld und Aufschneider sinkt Tomás Vargas im Ansehen seiner Saufkumpane zu einer lächerlichen Figur herab. Allende entfaltet hier ein vertrautes Argument: Das Heil der Frauen liegt darin, ihre spezifisch weiblichen Qualitäten und Fähigkeiten zu bejahen und für sich zu nutzen.

An vielen Stellen des Buches findet sich ein Humor, der an Gehässigkeit grenzt, und eine Mischung aus Selbstjustiz und Auflehnung gegen die Unterdrücker, die die ausgebeuteten Frauen zusammenschweißt und ihnen neue Kraft verleiht.

Allende stellt historische, soziale und politische Bezüge her, meist zu Venezuela, manchmal zu Lateinamerika allgemein: Guerrillakämpfe, Demonstrationen, Generalstreiks und gewaltsam niedergeschlagene Studentenunruhen; Kinderschmuggel und Organhandel für die Reichen im Norden (»Der Weg nach Norden«), die ärmlichen Verhältnisse der »peones« auf den Latifundien im Süden des Kontinents (»Krötenmaul«), Barackenvorstädte und die Arbeit engagierter Priester (»Ein diskretes Wunder«), der Terror totalitärer Staaten (»Das Allvergessenste«) und viele Details der langjährigen und grausamen Diktatur Juan Vicente Gómez; sein Pendant nennt sich bei Allende Vitalicio und ist ein hartgesottener Bursche, der sich von keiner Frau umgarnen lassen will und schließlich doch einer erliegt, die jedoch mehr das Mitleid treibt als Verlangen. In »Walimai« schildert ein Eingeborener die unmenschlichen Bedingungen auf einer Kautschukplantage, möglicherweise in Anspielung auf ein staatliches Sklavereisystem, das im venezolanischen Amazonasgebiet von Vertrauensmännern des Diktators organisiert wurde. In Deutschland hatten die *Geschichten der Eva Luna* nicht den gleichen Erfolg wie Allendes frühere Bücher, vermutlich weil die Thematik dem Vorgängerbuch zu ähnlich war und weil Erzählungen generell weniger Leser finden als Romane. Von Allendes Büchern haben *Eva Luna* und *Geschichten der Eva Luna* besonders viele künstlerische Umsetzungen erfahren, als Theaterstück, Oper oder Tanzveranstaltung.

Vgl. S. 123

Der unendliche Plan

In der Widmung von *El plan infinito* (1991, dt. *Der unendliche Plan*, 1992) dankt Isabel Allende ihrem zweiten Mann William Gordon und »den anderen Menschen, die mir die Geheimnisse ihres Lebens anvertrauten«. Damit meint sie eine alte Freundin ihres Mannes aus der Zeit im mexikanischen Viertel von Los Angeles, sowie Tabra Tunoa, Schmuckdesig-

nerin und gleichzeitig ihre »beste Freundin« (Allende; zit. n.
Benjamin und Engelfried 2000, S. 220), und einen Vietnam-
veteranen, den sie lange interviewte.

Inhalt Gregory Reeves wird als Sohn eines amerikanischen Wander-
predigers und einer Russin in den 1940er Jahren geboren. Sein
Vater, Charles Reeves, ist ein charismatischer Redner, der
seine esoterische Lehre vom »Unendlichen Plan« unter die
Landbevölkerung des amerikanischen Südwestens bringt und
seinen Sohn mit harter Hand erzieht. Seine Mutter Nora, eine
zarte, weltfremde und teilnahmslose Frau, kann ihrem Sohn
keine Herzlichkeit und Wärme geben. Mit seiner Schwester
Judy verbindet Gregory ein sehr enges Band, das jedoch zer-
reißt, als sie in die Pubertät kommt.

Wegen einer schweren Erkrankung des Vaters müssen sie das
Nomadenleben aufgeben und lassen sich – unterstützt von
Pedro Morales, einem Anhänger des Unendlichen Plans – im
mexikanischen Viertel von Los Angeles nieder. Judys Platz der
Freundin und Vertrauten nimmt nun Carmen ein, die älteste
Tochter der Morales'. Als der Vater stirbt, verliert Gregory
auch in gewisser Weise seine Mutter, denn sie entflieht in eine
Phantasiewelt mit ihrem Mann als anbetungswürdigem Hel-
den ihrer Jugend statt des körperlichen und seelischen Wracks
am Ende seines Lebens.

In der Schule und im Viertel wird Gregory wegen seiner weißen Hautfarbe gehänselt und ausgegrenzt, was die Gefühle
der Orientierungslosigkeit und des Verlassenseins durch das
Auseinanderfallen der Familie noch verstärkt. Er steckt die
Demütigungen schweigend und fast stoisch ein. Der einzige
Lichtblick in dieser Zeit ist seine Beziehung zu Carmen, die
ihn über die Grenzen des Latino-Viertels hinaus in die Welt
der Weißen führt, sowie Cyrus, ein äußerst belesener Fahr-
stuhlfahrer der öffentlichen Bibliothek, der Gregorys Mentor
wird und ihm das Versprechen abverlangt, an der Universität
zu studieren.

Gregory beginnt sein Jurastudium in Berkeley und ist schnell
mittendrin im verrückten Leben der 68er, im Rummel der
Protestbewegungen und Sympathiekundgebungen, der Was-
sergeburten und Urschreitherapien, der freien Liebe und end-

loser politischer Diskussionen und Sit-Ins, aber er fühlt sich so isoliert und fremd wie als Kind unter den mexikanischen Einwanderern. Von Timothy Duane, einem Sohn reicher Eltern, wird Gregory in das soziale Leben der Unistadt eingeführt. Er heiratet die teilnahmslose und oberflächliche Samantha, flieht desillusioniert, kommunikationsunfähig und konfliktscheu in den Vietnamkrieg und kehrt mit der zusätzlichen Außenseiterposition des Kriegsveteranen zurück. Er rettet sich in Zynismus und Härte, in Arbeits- und Alkoholexzesse.

In einer der angesehensten Anwaltskanzleien von Los Angeles erlebt er die 1970er und 1980er Jahre zusammen mit den Neureichen und Yuppies. Seine zweite Frau Shanon ist ebenso lebensuntauglich wie die erste, betrügt ihn und lässt ihm das gemeinsame Kind zurück. Gregory steht finanziell und seelisch vor dem Bankrott, doch dann setzt ein Wandel in seinem Leben ein. Er merkt, wie viel ihm die Freundschaft mit Carmen, mit der er über die Jahre ständigen Kontakt gehalten hat, bedeutet; er kümmert sich um seinen hyperaktiven Sohn, macht sich selbständig, bekommt seine Kanzlei mit der Hilfe zweier treuer Angestellter ins richtige Fahrwasser und sein Leben mittels einer Therapie wieder in den Griff. Er fühlt sich zum ersten Mal in seinem Leben richtig frei. Auf den letzten Seiten deutet sich eine neue Liebe an, die anders als die vorhergehenden zu sein verspricht.

Der Roman wird in der dritten Person erzählt, eingeschoben sind Passagen aus Gregorys Sicht in der Ich-Form; sein Zusammentreffen mit einer Schriftstellerin am Romananfang

»Er [Allendes Ehemann William] hat mir sein Leben geliehen. Also war er das Modell. Obwohl das Buch Fiktion ist, ist er das Modell für Gregory Reeves. Vier Jahre lang haben wir ständig über die Geschichte geredet. Er hat mir sein Leben erzählt. Ich wurde automatisch zu seiner Stimme [...]. Wir redeten im Auto, wir redeten im Bett, wir redeten überall [...]. Es war immer seine Stimme, die sprach.« (Isabel Allende; zit. n. Jan Goggans, »»Es gibt etwas Magisches beim Geschichtenerzählen«», S. 96)

und -ende stellt die literarische Fassung der ersten Begegnung von Isabel Allende und William Gordon dar.

In einem Ton zwischen Larmoyanz und Zynismus erzählt Gregory die Dinge aus seiner Sicht; vulgäre Ausdrücke, fehlende Kennzeichnung der Sprecher, Wiederholungen und Korrekturen wirken unmittelbar und spontan und lassen besonders persönliche Erfahrungen sehr authentisch erscheinen. Gregorys hehre Vorstellungen von Gleichheit, Würde und Ehre, die ihm seine Eltern vorgebetet haben, fallen in sich zusammen, als er die harte Wirklichkeit des Außenseiters im Latino-Ghetto erfährt. Erst nach vielen Umwegen erkennt er seine Beziehungsunfähigkeit, seine Kraftlosigkeit und seinen Hang zur Verdrängung, und es kostet ihn Jahre, seine Einstellung zu ändern. Seine Entwicklung ist eine Absage an das Klischee des starken Mannes und an den »American dream«: »Ich versöhnte mich mit mir selbst, fand mich mit ein bißchen Wohlwollen akzeptabel, und da sah ich zum ersten Mal einen Abglanz des Friedens. Ich glaube, dies war genau der Augenblick, in dem ich erkannte, wer ich wirklich bin, und mich endlich als Herrn über mein Schicksal fühlte.« (UP, S. 459 f.)

Absage an den »American dream«

Carmen – der weibliche Gegenpart zu Gregory – lernt im Laufe des Lebens, sich von den traditionellen Werten und Rollenvorstellungen ihrer Familie zu lösen und sich als »chicana« – als mexikostämmige Einwanderin in den USA – und als Frau zu behaupten.

Der unendliche Plan ist auch ein Roman über das Grenzland Kalifornien, über die mexikanischen Einwanderer, den Ehrenkodex der von Octavio Paz in seinem berühmten Essay *Das Labyrinth der Einsamkeit* (1950) beschriebenen »pachucos«, die vielfältigen Formen der Diskriminierung und das Aufeinanderprallen gegensätzlicher Kulturen. Hier das scheinbar feste Gefüge der Familie, wo jeder seinen ihm angestammten Platz hat, dort die progressive nordamerikanische Gesellschaft zwischen

»Bekanntlich sind *Pachucos* junge Burschen, die in Banden zusammenleben. Im allgemeinen mexikanischer Herkunft, leben sie in den Städten der Südstaaten und fallen ebenso durch Besonderheiten ihrer Kleidung wie ihres Verhaltens und ihrer Sprache auf. Vor allem sind sie Rebellen aus Instinkt.« (Octavio Paz, *Das Labyrinth der Einsamkeit*, S. 24)

Werk

»flowerpower«, freier Liebe und dem Debakel des Vietnamkriegs, zwischen zerrütteten Ehen, Oberflächlichkeit und
schnellem Geld.

Allendes Leserkreis reagierte mit einiger Verwirrung, da *Der
unendliche Plan* so ganz anders war als ihre bisherigen Bücher:
eine männliche Hauptperson und Nordamerika als Schauplatz, und es war der erste Roman der Autorin, der in Deutschland nicht die Bestsellerliste anführte. Die Kritik war gespalten und urteilte von »enttäuschend« (Martin 1995, S. 203) bis
überschwänglich, im Sinne einer neuen Version »of the compelling American Dream« in der Nachfolge von Theodore
Dreiser, F. Scott Fitzgerald und Arthur Miller, als »kraftvoller
Beitrag zur Literatur, die die Realität derer beschreibt, die in
einem Grenzgebiet zweier Kulturen leben«, als »ein weiteres
eindringliches Werk der Literatur über den Vietnamkrieg«
(GL, S. 94).

Paula

Im Dezember 1991 erlitt Isabel Allendes Tochter Paula einen
schweren Anfall von Porphyrie, einer seltenen Stoffwechselkrankheit; sie fiel ins Koma und starb fast genau ein Jahr spä- Vgl. S. 53 ff.
ter am 6. Dezember 1992. Für Allende war es das schwerste
Jahr ihres Lebens, sie drohte in einer Depression zu versinken,
doch ihre Mutter drängte sie zum Schreiben: »Das ist ein Tunnel, durch den du gehen musst, bis du an die andere Seite

»Ich habe in einem Krankenhaus angefangen, das Buch zu
schreiben. Ich schrieb 190 Briefe, die meisten davon an meine
Mutter. Und Ernesto [Paulas Ehemann] gab mir die Liebesbriefe, die Paula ihm geschrieben hatte. Dieses Material bildete die Grundlage für den ersten Entwurf. Für den zweiten
Entwurf benutzte ich einige Briefe, die Ernesto an Paula geschrieben hatte. Aber eigentlich habe ich sehr wenig überarbeitet, nachdem ich den ersten Entwurf geschrieben hatte.
Wenn man keinen Roman schreibt, sondern etwas Nicht-Fiktionales, dann liegen die Dinge einfach ausgebreitet vor einem.«
(Isabelle Allende im Gespräch mit John Rodden; zit. n. R, S. 255)

kommst. [...] Du musst durch diesen Schmerz hindurchge-
hen.« (Panchita Llona; zit. n. Carrión 2000, S. 157). 1994 erscheint *Paula* (dt. *Paula. Ein Lebensroman*, 1995).

Inhalt und Aufbau Allende schildert in wechselnden Kapiteln ihr eigenes Leben
und die Krankheit ihrer Tochter. Der erste Teil umfasst die
Zeit von Dezember 1991 bis Mai 1992 im Madrider Krankenhaus, und der zweite Teil von Mai bis Dezember 1992 in Allendes Zuhause in Kalifornien. Die Ich-Erzählerin Allende
beschreibt chronologisch den Fortgang der Krankheit, nur
selten unterbrochen durch einen Vor- oder Rückblick: Die
ersten drei Monate, in denen sie die Unterstützung ihrer Mutter hatte, die danach aus gesundheitlichen Gründen nach
Chile zurückkehren muss; unzählige Tests und Konsultatio-
nen; der Beistand naher Verwandter wie Ernesto, Paulas
Mann, dessen Vater und Allendes eigener Mann William
Gordon; die Überführung der Kranken nach Kalifornien; die
verzweifelten Versuche, Heilung abseits der Schulmedizin zu
finden; das Fügen in das Unvermeidliche.

Allende beginnt ihre Lebensgeschichte mit ihren baskischen
Vorfahren Anfang des 19. Jahrhunderts und endet mit ihrem
50. Lebensjahr, dem Zeitpunkt der Buchfassung. Von der großen Schar ihrer Verwandten konzentriert sie sich vorrangig
auf ihre Großeltern mütterlicherseits, auf ihre Mutter und deren zweiten Mann, Ramón Huidobro.

Eine Rezensentin bemerkte treffend, *Paula* wäre besser mit
Isabel überschrieben, denn im Grunde drehe sich auch dieses
Buch über den Krankheitsweg ihrer Tochter in seiner »ungewöhnlichen Kombination von Selbstbestätigung und Verlust«
(Ruta 1995, S. 11) vorrangig um die Autorin selbst. Man mag
hier an Pablo Nerudas Bemerkung denken, sie stelle sich bei
allem in den Mittelpunkt (vgl. P, S. 268), doch in einer solch
existentiellen Situation ist das Kreisen um die eigene Befind-
lichkeit zumindest nicht ganz unverständlich. Das Buch war
als Erinnerungsstütze für Paula gedacht, aber es dient der
Schreiberin auch dazu, Schmerz, Trauer, Angst, Schuldge-
Schreiben als Bewältigung fühle, Resignation und Zorn in Worte zu fassen, um besser
mit diesen starken Emotionen umgehen zu können: »Sollte

Werk

ich Selbstmord begehen? Das Krankenhaus verklagen? Oder sollte ich ein Buch schreiben, das mich heilen würde?« (Allende; zit. n. Hornblower 1995, S. 65)

Ihr Schreiben ist Bewältigung und Therapie, doch deswegen vernachlässigt Allende nicht die formale Gestaltung. Es fällt auf, wie oft Allende eine Zweiteilung oder Gegenüberstellung herstellt, was das Zeitliche und Räumliche betrifft (zuerst Madrid, dann Kalifornien; 50 Lebensjahre gegen ein Jahr Krankheit), aber inhaltlich (Paulas Krankheit, Isabels Biographie) nicht so einfach ist. Paulas Einlieferung ins Krankenhaus und ihr Tod fallen beide auf einen 6. Dezember; der mit »Weihnachten 1992« betitelte Epilog, der Paulas Tod beschreibt, stellt eine Beziehung zur wichtigsten Geburt des Christentums her. Diese magischen Symmetrien verleihen dem Text einen quasireligiösen, mythischen Charakter und lassen auch den Wunsch erkennen, das Unkontrollierbare und Chaotische der Geschichte durch die Form in den Griff zu bekommen.

Allende versucht, sich an zeitlicher Abfolge und linearer Erzählweise festzuhalten: »Ich denke mir, du möchtest von der glücklichen Zeit hören, […] aber dieses Heft ist bei den siebziger Jahren angekommen.« (P, S. 241) Das fällt ihr schwer, denn ihre Vorstellung von Geschichte zeichnet sich gerade durch Gleichzeitigkeit und nicht durch Abfolge aus; und für sie zählt sowohl Tatsächliches als auch Mögliches zur Erinnerung: »Du hast mir Ruhe verschafft, damit ich meinen Weg durch diese Welt überprüfe, Paula, damit ich in die wirkliche Vergangenheit und in die imaginäre Vergangenheit zurück-

»In den langen Stunden des Schweigens überstürzen sich die Erinnerungen, als wäre mein Leben ein einziges unverständliches Bild. Das Kind und das junge Mädchen, das ich war, die Frau, die ich bin, die Greisin, die ich sein werde, alle Etappen sind Wasser aus derselben ungestümen Quelle. Mein Gedächtnis ist wie ein mexikanisches Wandbild, wo sich alles gleichzeitig begibt […]. So ist mein Leben, ein vielfältiges und wandelbares Fresko, das nur ich deuten kann und das mir gehört wie ein Geheimnis.« (Isabel Allende, *Paula*, S. 37)

kehre, damit ich die Erinnerungen neu gewinne, die andere
vergessen haben, mir ins Gedächtnis rufe, was nie geschah,
und das, was vielleicht geschehen wird.« (P, S. 240) Es ist
heutzutage weit verbreitet, Erinnerung als unvollständigen,
von persönlichen Interessen beeinflussten Prozess zu begrei-
fen, bei dem Fakten und Wunschvorstellungen nicht mehr
voneinander zu unterscheiden sind.

Allendes Ent-
wicklungsprozess

Beide Romanteile werden mit Sätzen eingeleitet, die pro-
grammatisch wirken: »Hör mir zu, Paula, ich werde dir eine
Geschichte erzählen, damit du, wenn du erwachst, nicht gar
so verloren bist.« (P, S. 9) Dies klingt zuversichtlich, pragmatisch und persönlich. Demgegenüber wirkt der Eingangssatz
des zweiten Teils, der durch seine Position, Satzkonstruktion
und Wortwiederholungen dem Romananfang antwortet, wie
ein desillusionierendes Gegenbild: »Ich schreibe nicht mehr,
damit meine Tochter, wenn sie erwacht, nicht so verloren ist,
denn sie wird nicht erwachen. Diese Zeilen haben keinen
Empfänger, Paula wird sie niemals lesen können …« (P, S.
301) Der Satz verströmt Enttäuschung und durch den Wech-
sel vom »du« zum »sie« Distanz. Doch dieser resignierende
Beginn dient nur als Folie, vor der sich die nachfolgende Auflehnung der Mutter gegen die Unvermeidlichkeit des Todes
umso deutlicher abhebt. Ihr störrischer und verzweifelter
Kampf um Paulas Weiterleben beraubt sie aller Energie, sie
isoliert sich, isst nicht mehr richtig, vergräbt sich in ihre Aufzeichnungen. Sogar die Beziehung zu ihrem Mann William
wird auf eine harte Probe gestellt.

Der zweite Teil erzählt von dem schmerzlichen Prozess der
Loslösung und Trennung, der erst endet, als die Mutter in einem Traum ihre Tochter sagen hört: »Alle in der Familie verstehen es, nur du nicht, sie erwarten sehnsüchtig die Stunde,
in der sie mich frei sehen werden, du bist die einzige, die es
nicht hinnehmen will, daß ich nie wieder die alte sein werde.«
(P, S. 465)

Paula ist ein sehr persönliches Buch, die Dokumentation einer Wandlung. Allendes Kreisen um sich selbst, das Rekapitu-
lieren ihrer Vergangenheit, ihrer Gefühle und der Geschichte
ihres Landes in einer Mischung aus Autobiographie, Be-

kenntnisliteratur, Chronik und Roman passt sich in die Literatur Ende des 20. Jahrhunderts ein, in der Selbstfindung, Identität, Konstruktion von Geschichte, Gedächtnis und Erinnerung sowie das Ineinanderaufgehen von Realität und Fiktion eine zentrale Rolle spielen.

Die Resonanz bei Publikum und Kritik war gleichermaßen positiv, besonders in den USA, wo Isabel Allende erst mit *Paula* richtig berühmt wurde. Literaturwissenschaftler bewerteten *Paula* als »ein herausragendes Beispiel der Memoirenliteratur« (CZ, S. 129), als »eines von Allendes besten Büchern und ein erstklassiges Beispiel für lateinamerikanische Post-Boom Literatur« (Maier 2003, S. 240).

Große Resonanz bei Publikum und Kritik

> »Indem ich vor den Lesern mein Innerstes öffnete, machte ich mich nicht etwa verletzlicher, sondern stärker, denn aus allen Teilen der Welt streckten sich mir Hände entgegen, die mir Halt gaben.« (Isabel Allende, »Schreiben gegen das Vergessen. Briefe für *Paula*«, S. 20)

In Deutschland gelangt *Paula* kurz nach Erscheinen auf den ersten Platz in der Kategorie Belletristik, genauso in Italien, wo das Buch in kürzester Zeit sieben Auflagen erfährt. 1995 dreht die BBC den Dokumentarfilm *Listen, Paula*, der auf *Paula* basiert.

Es ist wahr geworden, was eine Hellseherin in Buenos Aires Allende vorausgesagt hatte, dass nämlich eines ihrer Kinder einmal in der ganzen Welt bekannt werden würde, wenn auch unter tragischen Umständen.

Aphrodite. Eine Feier der Sinne

Nach *Paula* fühlte sich Allende »vollkommen ausgetrocknet« (zit. n. Invernizzi 2000, S. 271), sie konnte sich nicht vorstellen, nach dem Tod ihrer Tochter je wieder einen fiktionalen Text zu schreiben, noch im Juni 1995 erklärte sie: »Ich habe keine Geschichte in mir«, doch bald kommt ein Wendepunkt: »Als die Freßträume anfingen, da wußte ich, daß ich am Ende des langen Tunnels der Schmerzen angekommen war«, so die Autorin in der Einleitung zu *Afrodita. Cuentos, re-*

Vgl. S. 53 f.

cetas y otros afrodisíacos (1997, dt. *Aphrodite. Eine Feier der Sinne*, 1998); ihr Traum von Antonio Banderas, der nur von Guacamole bedeckt auf einer Tortilla liegt, markierte für sie den Beginn von *Aphrodite* (vgl. www.isabelallende.com).

Inhalt und Aufbau Allende schildert zu Beginn ausführlich die Entstehungsgeschichte des Buches und stellt in kleinen Kapiteln die wichtigsten Beteiligten vor: In einem Gespräch mit Robert Shekter, einem alten Freund und Buchhändler, wurde die Idee geboren; Carmen Balcells, Allendes Agentin, unterstützte sie mit dem Rezept ihres unwiderstehlichen »Eintopfs à la Carmen« und Panchita Llona, Allendes Mutter, steuerte einen Großteil der Rezepte und ihren immensen Erfahrungsschatz bei.

Als Einstimmung sind die Kapitel über grundlegende Themen zu verstehen: die Geschichte der Aphrodisiaka, die Bedeutung von Gewürzen und der beim Essen beteiligten Sinne sowie Zubereitung, Präsentation und Verzehr der Gerichte. Allende erläutert die Wirkung verschiedener Meeresfrüchte, Liebestränke und Süßspeisen, sie referiert über das Flüstern, den Harem, die »nouvelle cuisine« und stellt immer wieder einzelne Gerichte vor, schiebt Geschichten, Briefe,

Werk

Pasta mit Spargel und Kaviar

Ein wahrlich erlesenes Futter, das gut aussieht und sehr aphrodisisch, aber auch sehr teuer ist. Sie müssen nicht unbedingt Belugakaviar nehmen, es kann auch ein weniger teurer sein. Unterlassen Sie nicht, Ihren Geliebten darauf aufmerksam zu machen, wie schwierig und teuer und aphrodisisch dieses Gericht ist und welche Vergütung Sie – im Fleische – für die Kosten und die Mühen erwarten.

Ein Rezept aus »Aphrodite«, 1998

Zutaten:
250 g Tagliatelle
50 g Kaviar – den besten, den Sie bezahlen können, es darf auch roter sein
2 Eßlöffel Olivenöl
1 gehacktes hartes Ei
1 Eßlöffel Kapern
6 zarte Stangen grüner Spargel
1 Tasse Leichte Sauce (100 g Frischkäse verrührt mit 2 Eßlöffeln Grapefruitsaft, 1 Eßlöffel Apfelessig. Dazu je 1 Eßlöffel feingehackte Petersilie, Pfefferminze und Dill. Mit Salz und Senf abschmecken)

Zubereitung: Kochen Sie die Tagliatelle in 8 Tassen Salzwasser mit einem Eßlöffel Öl. Achten Sie darauf, daß sie *al dente* bleiben. Lassen Sie inzwischen den Spargel 5 Minuten in Dampf garen – er muß fest bleiben. Schneiden Sie ihn in Stücke von etwa 3 cm Länge und beträufeln Sie diese mit 1 Eßlöffel Öl. Die Nudeln vom Feuer nehmen und durch ein Sieb abgießen. Vermischen Sie sie mit der Sauce und dem Spargel in einer im Ofen vorgeheizten Schüssel, damit sie nicht abkühlen. Streuen Sie das gehackte harte Ei und die Kapern darüber und setzen Sie zum Schluß einen kleinen Berg aus Kaviar in die Mitte. Garnieren Sie den Schüsselrand mit Zitronenvierteln und servieren Sie sofort.

Anekdoten und Zitate ein. Im letzten Teil folgen die eigentlichen Rezepte, wie im klassischen Genre nach Speisengruppen getrennt. Der Band ist reichhaltig bebildert, versehen mit Zeichnungen von Robert Shekter und vielen literarischen Zitaten.

Aphrodite setzt den Schwerpunkt auf Aphrodisiaka, Erotik und Sexualität, Themen, die Allende mit Natürlichkeit und Offenheit behandelt. Ihre sowohl fundierten als auch unterhaltsamen Ausführungen machen *Aphrodite* zu einer vergnüglichen Lektüre. Sie verteilt humorvoll ironische Spitzen gegen das andere Geschlecht und die noch immer herrschende Doppelmoral – die Einstufung von *Aphrodite* als »gefällige Kritik patriarchaler Normen« (GL, S. 134) ist durchaus gerechtfertigt. In ihrem unverblümten Ton ermutigt sie ihre vornehmlich weibliche Leserschaft zum wagemutigen Ausprobieren und Experimentieren. Die Allende, die dem Leser in diesen Seiten begegnet, zeigt zwar neue, aber nicht völlig unbekannte Seiten: In ihrem Sturm auf sakrosankte männliche Mythen gibt es einen direkten Bezug zu ihrer giftigen Glosse »Los impertinentes« für die Frauenzeitschrift *Paula*.

Als »außerordentlichen Beitrag für die Schönheit der Welt« wurde *Aphrodite* 1998 mit dem Dorothy-and-Lillian-Gish-Preis ausgezeichnet.

Fortunas Tochter

Allende trug den Gedanken an *Hija de la fortuna* (1999, dt. *Fortunas Tochter*, 1999) fast sieben Jahre mit sich herum, denn ursprünglich hatte sie vorgehabt, am 8. Januar 1992 den ersten Satz zu einem Roman über den kalifornischen Goldrausch niederzuschreiben, doch wegen der schweren Erkrankung ihrer Tochter musste sie dieses Vorhaben verschieben.

Vgl. S. 53 f.

Inhalt In einem zeitlich und geographisch genau umrissenen Rahmen erzählt *Fortunas Tochter* die Lebensgeschichte von Eliza Sommers. Eliza ist ein uneheliches Kind von Kapitän John Sommers und wird am Morgen des 15. März 1832 auf der Schwelle des Stadthauses in Valparaíso gefunden, das die Geschwister Jeremy und Rose seit ihrer Übersiedlung aus England vor anderthalb Jahren bewohnen. Rose Sommers, die

Werk

schnell herausbekommt, dass das Neugeborene ein Kind ihres seefahrenden Bruders John ist, nimmt sich seiner an. Sie wollte immer Kinder haben und putzt nun Eliza wie ein Püppchen heraus, bringt ihr Singen und Tanzen bei und präsentiert sie auf ihren musikalischen Abendgesellschaften.

Eliza, die ihre Zeit lieber mit der indianischen Köchin im Dienstbotentrakt als mit anderen Kindern verbringt, verliebt sich als junges Mädchen in den wenig standesgemäßen Hafenarbeiter Joaquín Andieta, der nicht nur einfacher Herkunft ist, was ihn in den Augen von Rose Sommers – wüsste sie von ihm – schon genug diskreditieren würde, sondern zudem noch radikale marxistische Ideen verbreitet und von der Revolution träumt. Sie beginnen eine heimliche Liebschaft, und als der Junge, um schnelles Geld zu machen, mit dem ersten Schiff nach San Francisco zum Goldsuchen verschwindet, reist Eliza ihm hinterher, ohne Geld, ohne Hilfe und zudem schwanger. Der chinesische Koch Tao Chi'en bringt sie auf einem Schiff ihres Ziehvaters als blinde Passagierin unter, wo sie infolge einer Frühgeburt eine Blutvergiftung erleidet. Der heilkundige Chinese hilft ihr zuerst nur widerstrebend, doch dann verspürt er eine gewisse Verantwortung und auch Mitleid für das mutige, auf sich allein gestellte Mädchen.

In Kalifornien angekommen, gehen beide für eine gewisse Zeit eine Zweckgemeinschaft ein; er verdingt sich als Arzt, und sie wird seine Assistentin. Nachdem sie zu Kräften gekommen ist und etwas Geld angespart hat, verlässt sie ihn jedoch, denn der Zweck ihrer beschwerlichen Reise ist ja, ihren Geliebten zu finden. Sie schlüpft in Männerkleider, gibt sich als Elías Andieta aus, der seinen Bruder Joaquín sucht, und reist im Schutz chilenischer Goldgräber. Doch nie hat irgendjemand Joaquín gesehen; allerdings führen Spuren zu dem legendären wie grausamen Banditenführer Joaquín Murieta. Wie besessen verfolgt Eliza ihre Suche, was sie oft an den Rand ihrer Kräfte und in sehr riskante Situationen bringt.

Als Tao sie bittet zurückzukehren, reist sie zu ihm nach San Francisco. Eliza ist an den Prüfungen des zurückliegenden Jahres sehr gereift, und auch Tao Chi'en hat sich verändert. Als er seinen langen Zopf abschneidet, ist ihm klar, dass er nun nie mehr in seine alte Heimat zurückkehren, sondern ein Leben zwischen zwei Welten führen wird. Beide spüren die tiefe Zuneigung, die sie füreinander hegen, und die große Vertrautheit, bekennen sich jedoch nicht ihre Liebe, weil sie den jeweils anderen noch in einer emotionalen Bindung sehen: Tao mit seiner verstorbenen ersten Frau Lin und Eliza mit Joaquín. Erst nachdem Eliza dem angeblichen Joaquín Murieta gegenübersteht, fühlt sie sich frei von den Gedanken an eine längst verblasste Liebe und frei für eine Beziehung mit Tao, doch der Roman lässt ihre Zukunft offen, genauso wie die Identität des hingerichteten Murieta.

> »Ich denke, es geht in *Fortunas Tochter* um Unabhängigkeit; es ist keine richtige Liebesgeschichte. Es ist eine Reise der Seele und eine Reise in Zeit und Raum einer jungen Frau hin zur Unabhängigkeit. Eliza Sommers verkörpert in vieler Hinsicht, was die Reise des Feminismus in meinem Leben bedeutet hat. Der Roman beginnt mit dem Korsett und den Einschränkungen, die Frauen auferlegt wurden, und er erforscht, wie sie ihren Weg in einer Männerwelt finden, ohne Sachkenntnisse, ohne Waffen, ohne Hilfe; indem sie alles erfinden und entdecken müssen. Das war meine Lebensgeschichte.« (Isabel Allende im Gespräch mit Linda Gould Levine; zit. n. GL, S. 172)

Gemeinsamkeiten von Protagonistin und Autorin Eliza hat vieles mit der Autorin gemein: Auch Allende begab sich der Liebe wegen nach Kalifornien, und auch sie wollte im Grunde immer ein Mann sein – bis zu ihrem 40. Lebensjahr, wie sie einmal zugab. Es gibt viele weitere Parallelen: Elizas Schwanken zwischen übermächtigem Freiheitsdrang und rückhaltloser Aufopferung in der Liebe, die Schilderung Amerikas zwischen allgegenwärtigem Rassismus und dem Traum vom Land der unbegrenzten Möglichkeiten, die fehlende Erfüllung in der ersten Beziehung, die zurückgelassene Heimat, der schmerzliche Verlust eines Kindes.

Das Spiel mit verborgenen Identitäten findet in Eliza seinen Höhepunkt: vom Findelkind zum chilenischen Mädchen der Oberschicht zum verarmten chinesischen Jungen, zum chilenischen Goldsucher, zum männlichen Schauspieler, der auf der Bühne eine Frau spielt … Zunächst verwirrt von diesen Identitäten, findet Eliza aber mit der Zeit ihre Rolle und ihren Weg.

Die spannende Erzählung von Elizas Irrwegen bietet auch kenntnisreiche Passagen über den Alltag der Goldgräber und das Elend der chinesischen Prostituierten im Los Angeles des 19. Jahrhunderts, die in einem nüchternen, reportageähnlichen Stil gehalten sind und den Charakter sozialgeschichtlicher Einschübe besitzen.

Fortunas Tochter wurde von der Kritik als Beweis für Allendes   **Bestseller** zurückgekehrte Schreibkraft gefeiert und kam schon in kurzer Zeit auf die Bestsellerlisten in Europa, den USA und vielen lateinamerikanischen Ländern. »Als Abenteuerroman mit einer starken Dosis Melodrama, Leidenschaft und erotischen Episoden« (Shaw 1999, S. 285) verkörpert *Fortunas Tochter* für manche Kritiker die extreme Tendenz des Post-Booms zur Unterhaltungslektüre für ein großes Publikum. Der Erfolg vergrößerte sich in den Vereinigten Staaten noch, als Oprah Winfrey, die bekannteste Talkmasterin des Landes, den Roman in ihrer Sendung als Buch des Monats vorstellte. Das verdeckt Autobiographische preist Rodden (2000, S. 44) als »eine der Hauptattraktionen des neuen Romans […]. *Fortunas Tochter* markiert in der Tat ein fortgeschrittenes Stadium in Allendes bemerkenswertem Programm der Selbsttherapie durch Schreiben.«

Porträt in Sepia

Für den 8. Januar 1999 hatte sich Isabel Allende vorgenommen, mit einem Roman über eine Fotografin um die Jahrhundertwende zu beginnen, denn die Möglichkeiten dieser technischen Errungenschaft begeisterten sie. Erst das Drängen ihrer Leser auf mehr Details zum Schicksal der Figuren aus *Fortunas Tochter* (täglich erhalte sie einen Brief in dieser Richtung) habe sie auf die Idee gebracht, einzelne Erzählstränge daraus in einem neuen Roman weiterzuverfolgen (vgl. GL, S. 175 ff.). Daraus entstand der Roman *Retrato en Sepia*   **Die »Geister-** (2000, dt. *Porträt in Sepia*, 2001), der mit *Fortunas Tochter* die   **haus«-Trilogie** Vorgeschichte zu *Das Geisterhaus* bildet.

Inhalt   Im Zentrum des Romans steht Aurora del Valle. Sie wächst in San Francisco bei ihren Großeltern Tao Chi'en und Eliza Sommers auf, da ihre Mutter Lynn nach der Geburt gestorben ist. Als ihr Großvater Tao in ihrem Beisein brutal ermordet wird, gibt seine Frau Eliza die fünfjährige Aurora in die Obhut ihrer Großmutter väterlicherseits, zu Paulina del Valle nach Chile. Durch das traumatische Erlebnis kann sich das kleine Mädchen an nichts mehr vor diesem Zeitpunkt erinnern, nur ein Alptraum mit Wesen in schwarzen Pyjamas bleibt; der Verlust ihrer Erinnerung kommt ihrer Großmutter Paulina nur recht.

Auroras Stiefvater, Severo del Valle, hat nach Lynns Tod seine Cousine Nívea geheiratet, der er schon seit Kindertagen versprochen war. Nívea ist eine außerordentlich selbstsichere, kluge und gerechtigkeitsliebende Frau. Sie kämpft als eine der ersten Frauenrechtlerinnen Chiles um die Gleichstellung der Geschlechter, ist fünfzehnfache Mutter und verliebte Ehefrau. Lange Zeit muss sie sich allein um die Kinder kümmern, denn Severo zieht in den Krieg.

> »Ich denke mir, daß sie trotz ihrer verächtlichen Haltung gegenüber den Konventionen ihrer Klasse deren Vorurteile nie überwinden konnte. Um mich vor Mißachtung zu schützen, war sie sorgfältig bemüht, mein Viertel chinesisches Blut, die bescheidene gesellschaftliche Umwelt meiner Mutter und die Tatsache zu verheimlichen, daß ich ein Bastard bin.« (Die Romanfigur Aurora über ihre Großmutter Paulina del Valle in Isabel Allende, *Porträt in Sepia*, S. 212)

Aurora und Nívea verbindet bald eine innige Freundschaft; Nivea führt Aurora über die erotische Literatur in die Feinheiten der sinnlichen Lüste ein, und ihre Privatlehrerin, die Feministin und Sozialistin Matilde Pineda, in politische, gesellschaftliche und rollenspezifische Machtverhältnisse. Als junges Mädchen setzt Aurora dann bei ihrer Großmutter ihren Kopf durch und darf bei dem Fotografen Don Juan Ribeiro in die Lehre gehen.

Auf einer Europareise verliebt sie sich in den Großgrundbesit-

Aurora insofar zu ihren Wurzeln zurück, als Eliza, ihre

zer Diego Domínguez, heiratet ihn und lebt fortan mit ihm und seiner Familie auf deren Landgut Caleufú im Tausende Kilometer von ihrer Familie entfernten Süden des Landes. Sie fühlt sich dort unwohl und findet bald heraus, dass ihr Mann eine Affäre mit seiner Schwägerin Susana hat, »eine dunkelhaarige Schönheit von lässiger Anmut wie ein spanisches Gemälde« (PS, S. 342). Aurora verlässt ihn, reist fotografierend durchs Land, gewinnt Preise für ihre Fotos und lebt nach dem Tod ihrer Großmutter Paulina mit deren zweitem Ehemann Frederick William in einem Haus am Stadtrand Santiagos. In der Liebesbeziehung mit dem Arzt Iván Radovic findet sie die Erfüllung, die ihr mit ihrem ersten Mann verwehrt war. Der Rückhalt und die Sicherheit, die ihr Iván vermitteln, helfen ihr auch, den wiederkehrenden Alptraum mit den dunklen Gestalten – den Mördern ihres Großvaters – zu entschlüsseln.

Porträt in Sepia beginnt mit einem Motto von Pablo Neruda über die Rückkehr zu den Wurzeln als Weg zur Selbsterkenntnis. Bei ihrer Reise von San Francisco nach Valparaíso kehrt

> »Drum muß ich noch einmal / zurück an so viele Orte, / um mich wiederzufinden / und rastlos zu prüfen, / zum Zeugen einzig den Mond, / und danach munter zu pfeifen; / Steine und Erdbrocken zu kicken, / einzig damit betraut zu leben, / einzig verwandt mit dem Weg.« (Pablo Neruda, »Der Wind«; zit. n. Isabel Allende, *Porträt in Sepia*)

Aurora insofern zu ihren Wurzeln zurück, als Eliza, ihre Großmutter mütterlicherseits, von dort stammt und sie dort das Geheimnis um ihre Herkunft aufdeckt.

Als 13-Jährige bekommt sie von ihrem Onkel Severo eine Kamera geschenkt und entdeckt von da an die Welt durch die Linse: Ähnlich wie Tina Modotti, die in ihren Fotografien Mexikos in den 1920er und 1930er Jahren soziales Unrecht anprangerte, findet Aurora ihre Motive am Rande der Gesellschaft, fotografiert Lumpenkinder, Prostituierte, streikende Bergarbeiter und Indios. »Die Fotoplatte enthüllt nicht nur das Bild, sondern auch die Gefühle, die zwischen dem Auf-

102 Porträt in Sepia

nehmenden und dem Aufgenommenen fließen.« (PS, S. 297)
Ihr Leben beschreibt sie mittels fotografischer Techniken und
Materialien: Es sei so unklar und verschwommen wie ein
»Porträt in Sepia«. Allende greift hier den aus *Paula* bekann-
ten Vergleich vom Leben als Bild auf, das durch die Erinnerung entsteht: »So ist mein Leben, ein vielfältiges und wandelbares Fresko, das nur ich deuten kann.« (P, S. 37)

> »In dem Maße, wie politische bzw. ideologische Gewissheiten
> und Utopien schwinden, gewinnt in der Gegenwartsliteratur
> die Lektüre von Bildern und Figuren des kulturellen Gedächt-
> nisses [...] immer mehr an Bedeutung.« (Sigrid Weigel, *Bilder
> des kulturellen Gedächtnisses*, S. 10)

Die Fotografie hilft Aurora, Dinge besser und deutlicher zu
sehen, so auch die Affäre zwischen ihrem Mann Diego und
Susana: »Das Wesentliche ist oft unsichtbar; das Auge erfasst
es nicht, nur das Herz, aber der Kamera gelingt es bisweilen,
Spuren davon festzuhalten.« (PS, S. 360)

Auroras Ge-
schichte als Me-
tapher für Chile
Allende begreift Auroras Rekonstruktion ihrer Vergangenheit
als Metapher für die jüngste chilenische Geschichte: Der Militärputsch von 1973 stehe für Tao Chi'ens gewaltsamen Tod,
die nachfolgende Diktatur für Auroras Trauma: »Die kollek-
tive Erinnerung ist brutal unterdrückt worden. Das Land
muß diese Erinnerung zurückgewinnen, um seine Wunden
zu heilen und zu reifen.« (Zit. n. CZ, S. 195) Bezeichnender-
weise unterdrückt Paulina del Valle als Repräsentantin der
chilenischen Oberschicht mit aller Kraft Auroras unstandes-
gemäße Vergangenheit.
Literaturwissenschaftler führen die Funktion des Romans als
Bindeglied zwischen *Fortunas Tochter* und *Das Geisterhaus*
aus; die Trilogie biete einen »vielschichtigen Blick auf die chilenische Geschichte im 19. und 20. Jahrhundert« (GL, S. 158).

Die Abenteuer von Aguila und Jaguar

Als passionierte Geschichtenerzählerin fand Allende schon früh dankbare Zuhörer: Als Kind erschreckte und faszinierte sie mit ihrer blühenden Phantasie ihre beiden Brüder, und als junge Mutter erfand sie für ihre Kinder jeden Abend Gutenachtgeschichten; einige veröffentlichte sie Anfang der 1970er Jahre. Erst mit ihren Enkeln bekam sie wieder junges Publikum: »Ich will ein Buch für Heranwachsende schreiben, für Kinder ab zehn Jahren.« (Allende; zit. n. GL, S. 179) Am 8. Januar 2001 begann sie zu schreiben, und bis 2004 war die Abenteuertrilogie um die jungen Helden Alex und Nadia komplett.

Vgl. S. 36

La Ciudad de las Bestias (2002, dt. *Die Stadt der wilden Götter*, 2002) ist der erste Teil von *Die Abenteuer von Aguila und Jaguar*. Mit »Aguila« (Adler) und »Jaguar« sind die beiden Hauptfiguren gemeint: Die im Urwald aufgewachsene Nadia trifft bei einer Expedition am Amazonas auf Alexander, einen nordamerikanischen Jugendlichen, der seine Großmutter Kate begleitet. Kate, eine risikoerprobte und nach außen hin ruppige Reisejournalistin, und die Fotografen Joel González und Timothy Bruce sollen das Geheimnis einiger Schreckensbestien aus der Stadt der wilden Götter aufdecken, die mehrere entlegene Dörfer der eingeborenen »Nebelmenschen«

»Die Stadt der wilden Götter«

Cover der spanischen Originalausgaben der Trilogie »Die Abenteuer von Aguila und Jaguar«, 2002, 2003, 2004

> »Die Hauptfigur, Alexander Cold, ist ein Jugendlicher aus Kalifornien, der wie andere nordamerikanische Jugendliche keine Ahnung hat, dass es eine Welt außerhalb seines Dorfes gibt. Die Vereinigten Staaten sind ein sehr provinzielles Land, wo die Nachrichten nur über Länder berichten, mit denen sie im Krieg sind. Ich wollte den Jugendlichen zeigen, dass nicht alle mit dem Handy in der Hand leben. Die Welt ist viel abwechslungsreicher.« (Isabel Allende; zit. n. Marc Homedes, »Hay una saturación materialista«, S. 33)

überfallen haben. Die Expedition wird von einer jungen Ärztin begleitet, die die Ureinwohner gegen die für sie lebensgefährlichen Infektionskrankheiten der Weißen impfen soll. Alexander und Nadia geraten in das Gebiet der Nebelmenschen, deren Schamane Walimai sie auf eine gefährliche Reise schickt. Von ihm und ihren Totemtieren, dem Jaguar und dem Adler, beschützt, finden sie die Stadt der wilden Götter, wo ihnen Riesenwesen aus uralten Zeiten zeigen, wie sie die Nebelmenschen retten können. Es ist eine riskante Unternehmung, an deren erfolgreichem Ende beide gelernt haben, ihre Ängste zu bewältigen. Dabei finden sie heraus, dass der zwielichtige Unternehmer Mauro Carías, unterstützt von seiner Geliebten, der Ärztin Dr. Omayra Torres, vorhatte, die Nebelmenschen mit infiziertem Serum zu impfen, um sich so deren Gebiete mit reichhaltigen Bodenschätzen unter den Nagel zu reißen.

»Im Reich des Goldenen Drachen« In *El Reino del Dragón de Oro* (2003, dt. *Im Reich des Goldenen Drachen*, 2003) soll Kate Cold, auch diesmal begleitet von Alexander und Nadia, in einem abgeschiedenen Königreich im Himalaja über eine sagenhaft wertvolle Statue recherchieren: Der Goldene Drache dient dem König als Orakel, ist ein Garant für seine Macht und für die Sicherheit des ganzen Reiches.

Kurz nach der Ankunft der Reisetruppe wird die Statue gestohlen, der Monarch entführt und in ein verlassenes Kloster gebracht. Hinter allem steckt der zweitreichste Mann der

Welt, der in seiner Gier, ganz oben zu stehen, »den Spezialisten« beauftragt hat. Mit Hilfe des Mönchs Tensing und des Kronprinzen Dil Bahadur, der von Tensing in Kriegskunst, Philosophie und fernöstlicher Medizin unterrichtet wird, gelingt es, die Gefangenen zu befreien. Bei der spektakulären Rettungsaktion wird »der Spezialist« als Judit Kinski enttarnt, eine amerikanische Reisende, die das Zutrauen des Königs erlangt hatte; der Goldene Drache schmilzt bei einer Hubschrauberexplosion, und der König wird lebensgefährlich verwundet, kann seinem Sohn jedoch noch den Auftrag erteilen, den Sockel der Statue aus dem heiligen Bezirk zu holen, denn das sei der wertvolle, da weissagende Teil. Alexander und Nadia begleiten Dil Bahadur und helfen ihm bei der Prüfung, die ihn zum König macht.

Schauplatz von *El Bosque de los Pigmeos* (2004, dt. *Im Bann der Masken*, 2004) ist Zentralafrika. Auf der Suche nach einem verschwundenen Missionar geraten Kate Cold, ihr Enkel Alex und Nadia diesmal in die Fänge des Urwaldkönigs Kosongo, der sich feiern lässt wie ein absolutistischer Fürst und, unterstützt vom Zauberer Sombe und dem Kommandant Mbembelé, die Stämme der bantú und der Pygmäen zum Frondienst erpresst. Mit Mut, einigen Tricks und der Unterstützung des Schamanen Walimai und Meister Tensings gelingt es Nadia und Alexander, sich selbst und die unterdrückten Ureinwohner zu befreien. Dabei entlarven sie das Triumvirat aus Herrscher, Zauberer und Hauptmann als Machwerk eines einzigen Mannes, der die einst freien Jäger und Händler ausbeutete, um sich an Elfenbein und Gold zu bereichern.

»Im Bann der Masken«

Die Abenteuer von Aguila und Jaguar passen sich ein in die jüngst entstandene Mode spannender Unterhaltungsliteratur, die Jugendliche und Erwachsene gleichermaßen ansprechen soll. Allendes Beitrag zum Boom der »All-ages-books« ist ein Querschnitt aus Abenteuer-, Fantasy-, Kriminal-, Reise- und Entwicklungsroman mit interessanten Schauplätzen und sympathischen Figuren, die in jedem Roman verpackt hinter religiösem Zauber ein handfestes, weltliches Verbrechen auf-

Isabel Allende
in ihrem Büro
in Sausalito

decken. Mit den dargestellten Themen (Ökologie, Spiritualität, Frieden, Persönlichkeitsentwicklung) und der Figur von
Alexander bietet Allende eine geeignete Identifikationsfläche
für Heranwachsende in ihrem Dilemma zwischen Nicht-
mehr-Kind und Noch-nicht-erwachsen.

Viele Aspekte können auch erwachsene Leser zum Nachdenken anregen: so die Weisheiten des Zen-Meisters Tensing, philosophische Reflexionen über Freundschaft, die Aufwertung der Spiritualität indigener Religionen, eine Absage an den

>Bald wird es eine Semi-Hippie-Be-
wegung geben, die ökologisch ist
und spirituell.< (Isabel Allende; zit.
n. Marc Homedes, »Hay una saturación materialista«, S. 33)

zerstörerischen Materialismus der westlichen Welt, kurz: die
Gleichwertigkeit aller Kulturen statt Euro- und Amerikazen-
trismus. Allendes Weltbild lässt sich erahnen, bei dem die Kritik am »machismo« nicht fehlt: Dafür sorgt die bissige Kate
Cold. Und wenn Alexander und seine Schwestern Nicole und
Andrea Allendes Enkeln nachempfunden sind, so wird deutlich, wessen Züge Kate zuweilen trägt.
Allende, die bezüglich ihrer Trilogie mehrfach auf die Erfolgsautorin J. K. Rowling und deren *Harry Potter* angesprochen
wurde, zeigte sich geschmeichelt durch den Vergleich und
lobte Rowlings enormes Schreibtalent und deren Entdeckung
neuer Leserkreise (vgl. Homedes 2003, S. 33).

Mi país inventado (Mein erfundenes Land)

Zwei Anregungen hätten *Mi país inventado* (2003, dt. *Mein erfundenes Land*, geplant für 2006) entstehen lassen, so die Autorin gleich auf den ersten Seiten des Buches. Die eine erhielt sie bei einer Tagung, die andere, als sie sich einmal ihre Falten im Spiegel betrachtete: Da überraschte sie nämlich ihr Enkel Alejandro (*1990) mit der Bemerkung: »Sorge dich nicht, Omachen, du wirst mindestens noch drei Jahre leben.« (Zit. n. MPI, S. 12) Daraufhin beschloss Allende, ihr Leben Revue passieren zu lassen, um herauszufinden, wie sie denn die ihr verbleibenden »drei Jahre« nützlich verbringen sollte. Das Ergebnis ihrer Überlegungen ist eine Mischung aus Memoiren, persönlichen Impressionen und kulturwissenschaftlichem Reiseführer.

Allende erzählt punktuell aus ihrem Leben und streut immer wieder Exkurse zu Chile und seinen Besonderheiten ein: Als Land voller Extreme, mit Inselcharakter und wunderschönen Landschaften habe es einen eingebildeten, verschrobenen Menschenschlag hervorgebracht. Allende porträtiert die Provinz und die Städte, sie spricht von den verschiedenen Nationalitäten und Religionen, von den chilenischen Frauen, dem typischen Chilenen, der Militärdiktatur oder den Versuchen zur Vergangenheitsbewältigung; sie kommentiert den Hang der Chilenen zu bürokratischen Vorgängen und komplizierten Gesetzen, zum Tratschen, zum »chaqueteo« – anderen ihren Erfolg mies zu machen –, zum schwarzen Humor und zum Stellenwert der »telenovelas«, der Seifenopern.

Inhalt

»Die Idee kam mir nach einem Schriftstellertreffen, bei dem ich die Eröffnungsrede gehalten hatte. Da war ich nämlich gefragt worden, welche Rolle das Heimweh in meinen Büchern spielt. Ich hatte irgend etwas geantwortet, dachte aber anschließend genauer über die Frage nach. Eine Woche später rief mich der Verleger von National Geographic an und bat mich, ein Buch darüber zu schreiben. Er wollte wissen, welche Rolle Chile bei alldem spielt.« (Isabel Allende im Gespräch mit Celia Correas Zapata; zit. n. CZ, S. 207 f.)

Cover der spanischen Ausgabe von »Mi país inventado«, 2003

ISABEL ALLENDE

Mi país inventado

Mi país inventado ist ein persönliches Buch, in dem sich die Autorin wie in einer Rede oder einem Gespräch immer wieder unmittelbar und spontan an ihre Leser wendet: »Wir haben auch gute Seiten. Mal sehen, lassen Sie mich nachdenken …« (MPI, S. 121); sie bittet um Geduld, da Erinnerungen nicht chronologisch erzählt werden könnten, und bezieht sich auf tagespolitische Themen und aktuelle Ereignisse, die in ihrer Darstellung Tagebucheinträgen oder humoristischen Glossen gleichen.

Parallelen zu »Paula«

Betrachtet man *Mi país inventado* als Memoiren, liegt der Vergleich zu *Paula* nahe. Fast zehn Jahre sind vergangen: Auf politisch-gesellschaftlicher Ebene ragen die Verhaftung Pino-

Vgl. S. 59 ff.

chets in London und Chiles endgültiger Schritt in die Demokratie heraus; als Schriftstellerin hat Allende mehrere Romane vorgelegt und hat nach eigener Aussage mehr Ideen als Zeit zum Schreiben. In ihrem persönlichen Leben zeigt sie sich gereift durch den schweren Verlust ihrer Tochter und glücklich in der Beziehung mit William Gordon und in ihrer Familie.

Schon in *Paula* muss man oft über Allendes trockenen Humor lachen, aber in *Mi país inventado* ist der Ton durchgängig heiter, witzig und ironisch. *Paula* ist als Bewältigung geschrieben, Allendes existentielle Not, Ausweglosigkeit und Verzweiflung sind für die Leser spürbar. *Mi país inventado* ist eine Art Bestandsaufnahme der zweiten Lebenshälfte, in der Allende ihre Identität und ihren Lebensentwurf definiert. Die Vereinigten Staaten faszinieren sie als das Land, wenn nicht der tausend, dann doch der vielen Möglichkeiten: Sie versprechen Flexibilität, Toleranz und das verführerische Angebot des Neuanfangs. Die tragischen Ereignisse vom 11. September

Der 11. September 2001

2001 haben ein starkes Zugehörigkeitsgefühl in ihr geweckt. Sie fühlt sich als Amerikanerin: »An jenem entfernten Dienstag von 1973 [dem Tag des chilenischen Militärputsches] ging mein Leben in die Brüche, nichts war mehr wie vorher, ich verlor mein Land. Der unselige Dienstag von 2001 war auch ein entscheidender Moment, nichts würde mehr sein wie vorher, und ich gewann ein Land hinzu.« (MPI, S. 14) Aber ihre Heimat liegt in Chile. Und diese Heimat ist ein völlig persönliches Konstrukt, erklärt Allende im Schlusssatz: »Das Handwerk der Literatur hat mich bestimmt: Wort für Wort habe ich die Person erschaffen, die ich bin, und das erfundene Land, in dem ich lebe.« (Ebd., S. 219)

Bei der Erschaffung dieses Landes hat der Schriftsteller, den sie am meisten verehrt, großen Anteil: Gedichte und Textzeilen von Pablo Neruda sind eingefügt, und schon im Sommer 1995 hatte Allende über seine Bedeutung gesagt: »Ich glaube, dass einige von Nerudas Gedichten meine Vorstellung von meinem eigenen Land entscheidend geprägt haben. Er definiert das Land für mich. In gewisser Hinsicht erschafft er meine Erinnerung an Chile; es ist eine Nerudasche Erinnerung.« (Zit. n. Invernizzi 2000, S. 281) Allendes Danksagung passt zu Nerudas Nobelpreisrede vom 21. Oktober 1971. Pablo Neruda widmete die berühmte Auszeichnung allen Chilenen, »denn meine Dichtkunst ist Eigentum meines Vaterlandes« (zit. n. P, S. 245).

Chile mit Nerudas Augen gesehen

»Nacht, Schnee und Sand formen die Gestalt / meiner schlanken Heimat, / alles Schweigen ist in ihrer langen Linie, / alle Gischt rinnt aus ihrem Meeresbart, / alle Kohle füllt sie mit geheimnisvollen Küssen.« (Pablo Neruda; zit. n. Isabel Allende, *Mi país inventado*, S. 19)

»Die räumliche Abwesenheit des Schriftstellers von seiner Heimat führt zu stärkerer kritischer Distanz, gleichzeitig aber ist eine so intensive Beschäftigung mit dem eigenen Land aus der Ferne nicht möglich ohne das Gefühl der Nostalgie. In diesem Sinne sind [Allende, García Márquez und Vargas Llosa] und viele ihrer Romanfiguren nostalgische Rebellen.« (Wolfgang Wittig, *Nostalgie und Rebellion*, S. 4)

Zorro

Im Dezember 2003, kurz nach der Publikation des zweiten Abenteuerbandes *Im Reich des Goldenen Drachen* und von *Mi país inventado*, war in einer Meldung auf Allendes Internetseite zu lesen, dass die Autorin ein Buch über die Ursprünge des »Zorro« schreiben würde. Die Geschichte vom maskierten Kämpfer für Gerechtigkeit wurde in unseren Breiten vor allem durch die Fernsehserie aus den 1950er Jahren bekannt. Den Stoff vom verwegenen Zorro, der bei jeder Tat sein Markenzeichen, das in Vorhänge und Wände geritzte »Z«, hinterließ, hatte Johnston McCulley 1919 erfunden. *The Curse of Capistrano* erschien damals als fünfteiliger Groschenroman und war so erfolgreich, dass 60 weitere Abenteuer folgten. Nach dem United-Artists-Film mit Douglas Fairbanks und Mary Pickford kamen die Fernsehserie, die Fernseh-Show, dann Zeichentrickfilme, Comics und Theaterstücke.

Johnston McCulley, Erfinder des »Zorro«

> »Vergeblich habe ich ihm [Bernardo] zu erklären versucht, daß es keine absoluten Wahrheiten gibt, daß sich alles im Blick des Betrachters wandelt. Die Erinnerung ist schwach und launisch, was darin bewahrt wird und was nicht, entscheidet jeder nach Gutdünken.« (So die Romanfigur Isabel de Romeu in Isabel Allende, *Zorro*, S. 440)

Isabel Allende unterschrieb 2003 den Vertrag mit dem amerikanischen Unternehmen Zorro Productions. Sie hatte relativ freie Hand in der inhaltlichen Gestaltung und hatte schon damals ganz klare Vorstellungen von ihrem Helden: Abenteuerlustig und humorvoll sollte er sein und zudem Mestize mit halb spanischem, halb indianischem Blut.

El Zorro. Comienza la leyenda (dt. *Zorro*) erscheint 2005 weltweit in mehreren Sprachen.

Inhalt

Diego de la Vega wird um 1800 in Kalifornien auf dem riesigen Landgut seines Vaters Alejandro de la Vega geboren, eines ehemaligen Hauptmanns im Dienst der spanischen Krone. Seine Mutter Toypurnia, eine Indianerin, kämpfte als rebellische wie schöne Kriegerin für ihr Volk der Chumash und wurde dann als Regina christlich getauft und unter der Obhut

von Eulalia de Callís, der Gattin des Gouverneurs von Oberkalifornien, zu einer spanischen jungen Dame erzogen.

Mit 15 Jahren wird Diego von seinem Vater zur Ausbildung nach Spanien geschickt. Bernardo, der Sohn von Diegos indianischer Amme und trotz des Klassenunterschieds sein bester Freund, begleitet ihn. In Barcelona werden sie von Tomás de Romeu, einem alten Freund von Diegos Vater, beherbergt. De Romeu lebt alleine mit seinen beiden Töchtern Juliana und Isabel. Julianas Schönheit und Anmut berauscht die Männer Barcelonas, und auch Diego verliebt sich unsterblich in sie und fasst die Schmeicheleien Rafael Moncadas, Eulalia de Callís' Lieblingsneffen, als persönliche Beleidigung auf. Mehr als einmal gerät er deswegen mit Moncada aneinander.

Cover der deutschen Ausgabe von Allendes jüngstem Roman »Zorro«, 2005

Diego avanciert unter der Anleitung des Fechtmeisters Escalante zu einem begnadeten Fechtkämpfer und erhält durch dessen Patronage auch Zugang zur Geheimbruderschaft »La Justicia«, die sich für die Armen und Unterdrückten einsetzt; Diego ist mit den Konfrontationen und Ungerechtigkeiten zwischen Indianern und Spaniern in seiner kalifornischen Heimat aufgewachsen, und der Kampf gegen jede Form von Unrecht ist sein Anliegen. Es ist die Zeit des Befreiungskrieges, den die Spanier gegen die französischen Besatzer führen; geschickt nutzt Diego Informationen, die er im Haus de Romeus erfährt, um den Aufständischen zu helfen. Dabei schlüpft er in seine Verkleidung als Zorro: Ein schwarzes Tuch verdeckt sein Gesicht, und Cape, Degen und Peitsche vervollständigen seinen Aufzug.

1814 kehrt der spanische König Ferdinand VII. als absolutistischer Herrscher zurück, die liberale Verfassung von 1812 wird zurückgenommen, die Inquisition wieder eingesetzt. Tomás de Romeu wird als »afrancesado«, als »Franzosenfreund«, denunziert und in der Zitadelle eingekerkert. Diego hatte seinen

Mut und seine Fechtkünste schon bei einem Duell mit Moncada und bei der Befreiung des Fechtmeisters Escalante aus einer Kaserne unter Beweis gestellt, aber hier kann er nichts ausrichten. Auch alle diplomatischen Versuche scheitern. Ein letztes Mal noch können Isabel und Juliana ihren Vater sehen, dann wird er wegen Verschwörung mit dem Feind hingerichtet. Diego hat de Romeu geschworen, dessen Töchter zu beschützen, und sie fliehen verkleidet als Santiagopilger ins galicische La Coruña, wo sie ein Schiff nach Amerika zu Diegos Familie bringen soll. In der Karibik geraten sie in die Fänge von Piraten. Juliana, die sich standhaft Moncadas Avancen widersetzt und auch Diegos Schmachten ignoriert hatte, verliebt sich Hals über Kopf in den so eleganten wie verwegenen Piraten Jean Lafitte und heiratet ihn. Diego zieht, getrieben von bösen Vorahnungen, mit Isabel nach Kalifornien weiter, wo er das Landgut seines Vaters in den Händen des neu eingesetzten Sonderbevollmächtigten Rafael Moncada vorfindet. Dieser hat seinen Vater Alejandro de la Vega der Rebellion gegen die spanische Krone bezichtigt und ins Gefängnis befördert. Die Befreiung seines Vaters ist für Diego, der durch seine Abenteuer in Spanien und der Karibik ein richtiger Mann geworden ist, der Auftakt seines Doppellebens als »Zorro«, als maskierter Streiter für die gerechte Sache. Dabei stehen ihm Isabel und Bernardo zur Seite.

Parallelen zu »Fortunas Tochter« und »Porträt in Sepia« Das Buch umfasst 50 Jahre, von 1790 bis 1840, und ist in fünf Teile und einen Epilog eingeteilt. Allende greift hier den exakten geographischen und zeitlichen Rahmen ihrer Vorgängerbücher *Fortunas Tochter* und *Porträt in Sepia* auf, und auch inhaltlich besteht durch die kalifornische Geschichte eine enge Verbindung. In *Fortunas Tochter* hatte Allende den sagenumwobenen Joaquín Murieta als Rächer der durch die Weißen ausgebeuteten Hispanos vorgestellt. Zeitlich fallen seine und die im Epilog angekündigten Aktionen Zorros alias Diego zusammen, in die Mitte des 19. Jahrhunderts.

Historische Einblicke werden den Lesern jedoch besonders in den Romanteilen über das Spanien zur Zeit der »Guerra de la Independencia« gewährt: die Bürgerkriegsgräuel, wie sie

Goya in seinen Radierungen festgehalten hat, die Fronten zwischen Liberalen und Konservativen, die Stadt Barcelona zu Beginn des 19. Jahrhunderts. Historisches wird gemischt mit Piratengeschichten, karibischer Exotik, Voodoo, indianischen Legenden und Schamanentum.

Zorros Leben wird von Isabel de Romeu erzählt, Julianas unscheinbarer kleiner Schwester mit den widerborstigen Haaren, die sich im Degenfechten übt und dem Maskierten zur Seite steht. Ihre humorvollen Kommentare leiten die Lebensgeschichte ein, verbinden die einzelnen Teile und geben auf den letzten Romanseiten einen Ausblick auf das Schicksal des Helden und seiner Gefährten.

Dass Isabel Allende sich mit ihrer Erzählerin identifiziert, lässt sich schon wegen beider Einstellung zum Schreiben und zur Literatur vermuten, und an solchen Sätzen wie: »Was aus Juliana und Lafitte wurde, könnt Ihr andernorts nachlesen, dafür reicht der Platz dieser Seiten nicht.« (Allende 2005, S. 441) Die unermüdliche Schreiberin Allende hat hier vermutlich schon neue Pläne.

> »Isabel Allende erzählt, dass sich vor zwei Jahren zwei Personen bei ihr als die Verwalter der Urheberrechte von *El Zorro* vorstellten. Und sie machten ihr das Angebot, die Geschichte von Diego de la Vega zu verfassen – nicht mehr und nicht weniger –, jenem kalifornischen Adligen, der sich dank einer schwarzen Maske in eine Legende verwandelte. Getrieben von der Neugier erinnerte sich Allende nach kurzem Zögern der kindlichen Liebe, die sie für diesen Helden hegte, und wagte den ganzen Schritt. *Zorro* ist zum Glück ihrer Leser das Resultat dieser Liebe und dieser Neugier. Allende hat dieses schwierige Unterfangen mit Bravour gemeistert.« (»*El Zorro*‹ de Isabel Allende«, *Club Cultura. La Revista cultural de la Fnac* 6, Frühling 2005)

Der Film *The Legend of Zorro* wurde – wie sein Vorgänger von 1998 *Die Maske des Zorro* – von Steven Spielberg produziert und vom Regisseur des James-Bond-Films *Goldeneye*, Martin Campbell, gedreht. *The Legend of Zorro*, wieder mit Antonio

Banderas und Catherine Zeta-Jones in den Hauptrollen, ist keine Verfilmung von Allendes Roman; der Film spielt im Jahr 1850, als Kalifornien ein Staat der USA wird.

Wirkung

Die Anfänge

Isabel Allende spaltet die Gemüter. 1983 erschien sie mit ihrem Erstlingswerk *Das Geisterhaus* wie ein Komet am Sternenhimmel der lateinamerikanischen Boom-Literatur. Manche interpretierten ihren Aufstieg sarkastisch als marktstrategisches Machwerk europäischer und nordamerikanischer Kritiker und Verleger, die in einer Mischung aus Exotik, politischem Exil und berühmtem Nachnamen ein Zugpferd für die lateinamerikanische Literatur fabriziert hätten (vgl. Fabienne Bradu 1985; zit. nach Cortínez 1994, S. 1135). Vgl. S. 68 ff.

> »Mit diesem spektakulären Erstlingsroman tritt Isabel Allende als erste Frau dem vordem ausschließlich Männer vorbehaltenen Klub lateinamerikanischer Schriftsteller bei [...]. Sie ist die Erste [...], die sich auf gleichem Niveau wie die anderen der geplagten patriarchalen Welt der traditionellen spanisch-amerikanischen Gesellschaft nähert und die argumentiert, dass die erbitterte Gewalt zwischen den sozialen Schichten Lateinamerikas eine Debatte unter Männern ist, die nicht nur taub sind, sondern auch fixe und unveränderliche Vorstellungen von allem haben. Und sie hat dies in einem fesselnden und bemerkenswerten Werk getan, das denen ihrer Vorläufer in Qualität als auch in Reichweite gewachsen ist.« (Alexander Coleman, »Reconciliation Among the Ruins«, S. 1)
>
> »Man merkt deutlich, daß es eine Frau ist, die die Höhen und Tiefen einer Familie und eines Landes erzählt. Diese weibliche Sichtweise gibt dem Buch menschliche Wärme und hat mir als Leserin Geschichte nahegebracht.« (Aus einem Leserbrief an den Suhrkamp Verlag, 1984)

Hinzu kam noch der Vorteil, eine Frau zu sein: Erstens war (nicht nur) die lateinamerikanische Literatur zu männerdominiert und zweitens lasen und lesen generell mehr Frauen als Männer schöne Literatur, und die interessierten sich in den 1980er Jahren nach der Sensibilisierung durch die Frauenbewegung auch auf kulturellem Gebiet für eine weibliche Sicht der Welt.

Der Erfolg
in Europa

In Europa feiert Allende ihren größten Triumph; *Das Geisterhaus* erscheint zuerst in Spanien, dann in Frankreich, Deutschland und den skandinavischen Ländern und behauptet sich
lange auf den internationalen Bestsellerlisten. Die chilenische
Schriftstellerin wird gefeiert als unterhaltsame Erzählerin mit
außerordentlicher Phantasie, einer beachtlichen Erfahrung als
Journalistin und einem ausgeprägten Sinn für Humor.

> »So sind die ideologischen und sozialen Gegensätze, die das
> Land zerreißen, in dieser Familie miteinander verflochten. [...]
> Daß diese familiäre Modellhaftigkeit nicht konstruiert wirkt, ist
> ein Wunder – von der Art, wie gute Erzähler sie eben vollbrin-
> gen.« (*Süddeutsche Zeitung* vom 12./13. März 1984)
> »Um die lebensvolle, drastische Geschichte dieses hitzköpfi-
> gen Macho hat die Autorin ein buntes Geflecht von Seitener-
> zählungen und Anekdoten gelegt, in denen sie ihr bizarres und
> schier überbordendes Erzähltalent zu immer neuen Extrava-
> ganzen [...] steigert.« (*Frankfurter Allgemeine Zeitung* vom 14.
> Juli 1984)
> »Isabel Allende ist mit ›Das Geisterhaus‹ ein erzählerisches
> Werk gelungen, das dank seinem witzigen, phantasievollen,
> ironischen Ausdruck und dank seiner inhaltlichen Breite ge-
> wiss eine grosse an Südamerika interessierte Leserschaft fin-
> den wird.« (*Neue Zürcher Zeitung* vom 26. Juli 1984)
> »Isabel Allende ist ein (fast) unmögliches Unterfangen gelun-
> gen: Lebensgeschichte und politische Geschichte anschaulich
> zu verbinden.« (*Die Zeit* vom 17. August 1984)

Ihr Siegeszug gestaltete sich in Deutschland auch deswegen so
triumphal, weil die Rahmenbedingungen ideal waren: Während lateinamerikanische Literatur in den 1960er Jahren und
Anfang der 1970er Jahre die Sache einer kleinen, meist aka-
demisch geprägten Elite war – Michi Strausfeld sprach 1975
vom »Exotikum« und vom »Steckenpferd einiger Experten
und Passion der wenigen Liebhaber« (zit. n. Brown 1994,
S. 50) –, belegen danach steigende Verkaufszahlen und Rezensionen sowie wissenschaftliche Besprechungen das große
Interesse der Leser. Auslöser der immer größer werdenden Be-
liebtheit war die Frankfurter Buchmesse von 1976 mit dem

Wirkung

Thema Lateinamerika, in deren Folge die lateinamerikanische Literatur bei Verlegern, Rezensenten, Literaturwissenschaftlern und Lesern ins Blickfeld geriet. Im Anschluss daran verstärkten das »Horizonte«-Festival sowie der Nobelpreis für Gabriel García Márquez 1982 und der Friedenspreis des Deutschen Buchhandels für Octavio Paz 1984 diesen Trend. 1984 wurde auch die deutsche Ausgabe von *Das Geisterhaus* von Allende auf der Buchmesse präsentiert und als »Buch des Jahres« sowie Allende als »Autorin des Jahres« ausgezeichnet, das Gleiche geschah zwei Jahre später mit *Von Liebe und Schatten*.   Vgl. S. 74 ff.
Während die Ehrungen für García Márquez und Paz eher von Intellektuellen wahrgenommen wurden, wurde das »Allende-Phänomen« (Brown 1994, S. 74) eindeutig von Publikum und Kritik gleichermaßen getragen. In Deutschland werden nicht nur Allendes Bücher bis heute besonders geschätzt, sondern auch ihre Person. Sie hat das Land mehrfach besucht, und ihre Fangemeinde wächst. 1986 war sie der Star der »Iberoamericana«, einem Kulturfestival der Stadt Hamburg in Zusammenarbeit mit dem Iberoamerikanischen Institut.
Anfänglich war es besonders ihr berühmter Nachname, der Interesse weckte, und ihre steile literarische Karriere wird gerne damit erklärt. Allendes Literaturagentin Carmen Balcells war sich der Werbewirksamkeit dieses Namens bewusst, und auch die Autorin leugnet dessen positiven Effekt nicht, »er hat geholfen, mir die Herzen vieler Menschen zu öffnen«, und sie erklärt stolz: »Für mich ist der Name Salvador Allende ein Banner und kein Stigma.« (Zit. n. García Pinto 2000, S. 67 f.) Oft verwechselt man sie auch mit ihrer Verwandten, der sozialistischen Abgeordneten gleichen Vornamens, die jüngste Tochter Salvador Allendes und Hortensia Bussis.   Siehe Abb. S. 62
Wie manchmal zu lesen ist, hat Allende 1962 den Nachnamen ihres ersten Mannes Michael Frías angenommen und nur bis 1982 getragen, das Jahr, in dem *Das Geisterhaus* auf den Markt kam (vgl. Herlinghaus 1994, S. 88). Demnach hätte sie den Namen ihres Vaters bewusst für ihre eigenen Zwecke genutzt, des Mannes, der in ihrem Leben nicht mehr als »eine große Lücke« (P, S. 25) darstellte. Vermutlich haben auch der Verlag und die Literaturagentur diese Entscheidung vorangetrieben.

Viele Kritiker, die Allende nur als kommerzielle Schreiberin darstellen wollen, unterstellen ihr auch, sie setze auf aktuelle und damit absatzversprechende Themen. Gekonnt und mit einem Hauch von Ironie kontert Allende solche Vorwürfe: »Dann kann jeder einen Bestseller schreiben, man muss sich nur mit einer Zeitung auf dem laufenden halten.« (Zit. n. Homedes 2003, S. 33)

Der männliche Mentor im Hintergrund?

Heute wird Allendes Erstlingswerk von Literaturwissenschaftlern als »Kultroman des Post-Booms« (Ertler 2002, S. 263) kategorisiert, als Gegenstück zum Hauptwerk der Boom-Literatur der 1960er und 1970er Jahre: Gabriel García Márquez' *Cien años de soledad* (1967; dt. *Hundert Jahre Einsamkeit*, 1970*)*. Auch bezüglich der Wirkung auf das deutsche Publikum werden die beiden Romane nebeneinander gestellt: »Während García Márquez in den frühen 80ern das Eis für lateinamerikanische Literatur gebrochen hatte, machte Allende diese Mitte und Ende der 80er und Beginn der 90er Jahre populär.« (Brown 1994, S. 69) Doch die unzähligen Vergleiche, die seit 1982 zwischen *Das Geisterhaus* und *Hundert Jahre Einsamkeit* gezogen wurden, sind selten so wertfrei wie in den beiden hier genannten Fällen. Ganz im Gegenteil: Sich für den einen oder anderen Roman auszusprechen, bedeutet Stellung zu beziehen im Lager von Literaturkritik und Literaturwissenschaft.

Keinem, der sich ein wenig in moderner lateinamerikanischer Literatur auskennt, entgehen die offensichtlichen thematischen und strukturellen Parallelen. In ihren ersten Interviews lobt Allende García Márquez als eine herausragende Figur der lateinamerikanischen Literatur, sie sei von ihm beeinflusst wie alle Schriftsteller ihrer Generation in Lateinamerika. Aber sie habe nicht an sein Meisterwerk gedacht, als sie ihren Roman schrieb, eher an Stendhal und an Troyat, den französischen Schriftsteller russischer Herkunft, der nach der Oktoberrevolution Russland verließ und unter anderem viele Familiengeschichten russischer Emigranten literarisch dargestellt hat. Lange zeigt sich Allende geschmeichelt durch den Vergleich,

Gabriel García Márquez, »Hundert Jahre Einsamkeit«

den sie als Lob auslegt, doch irgendwann kommt der Punkt, an dem sie die unvermeidliche Frage nach dem kolumbiani- schen Nobelpreisträger, dem sie noch nie begegnet ist, schlicht »wahnsinnig macht« (1991; zit. nach GL, S. 15). Wäre García Márquez' Roman *Die Liebe in den Zeiten der Cholera* von einer Frau geschrieben, wäre der Roman als zu kitschig und senti- mental abgeurteilt worden, bemerkt Al- lende einmal.

> »Ist dir mal aufgefallen, daß man bei einer erfolgreichen Frau immer gleich den männlichen Mentor im Hintergrund sucht?« (Isabel Allende im Gespräch mit Celia Correas Za- pata; zit. n. CZ, S. 238)

Über die allzu offensichtlichen Gemeinsamkeiten, die in Arti- keln sowie ganzen Büchern ausgiebig belegt sind, besteht Einmütigkeit; bei der Bewertung dagegen scheiden sich die Geister: Ist *Das Geisterhaus* ein »Mini-Abklatsch« (Drews 1986, S. 1067) von *Hundert Jahre Einsamkeit* oder seine »Neu- schreibung« (Rodríguez-Fernández 1986, S. 80)? Ist es »Pla- giat« oder »Parodie« (Antoni 1988, S. 16)?

Anders als in den USA wird in Deutschland zwischen Unter- haltungs- und anspruchsvoller Literatur noch scharf getrennt, und die Feststellung, dass »Isabel Allendes Schaffen trotz seiner außergewöhnlichen Verbreitung in Deutschland noch kaum Berücksichtigung gefunden [hat]« (Herlinghaus 1994, S. 83), gilt für die wissenschaftliche Auseinandersetzung auch heute noch: Abgesehen von ihren ersten Büchern pflegt man Allende zu übersehen oder zu kritisieren, mitunter in einer Art, die den Charakter eines persönlichen Angriffs annimmt. Die meisten Studien stammen von Universitäten aus den Ver-

> »Den drei Grundaspekten Erzähltalent, politisches Engagement und weibliche Perspektive wird man zur Begründung des Er- folgs noch die – unentscheidbar naive oder raffinierte – Mi- schung verschiedenster Themen und Formen hinzurechnen dürfen: Allende erzählt bald lebhaft und anschaulich, bald un- beholfen und oberflächlich. Sie geht die ernstesten Themen in drastischer Darstellungsweise an, ist gelegentlich ironisch und witzig, verfällt aber ebenso in platte Erotik, schwülstige Sen- timentalität und puren Kitsch.« (Monika M. und Thomas M. Scheerer, »Isabel Allende«, S. 1)

einigten Staaten und den spanischsprachigen Ländern, während sich die wissenschaftlichen Beiträge aus Deutschland an zwei Händen abzählen lassen. In der Presse allerdings werden Allendes Neuerscheinungen geflissentlich besprochen; in den gehobeneren Feuilletons ist dem überschwänglichen Lob für den Debütroman und dem verhalteneren Lob für seinen Nachfolger zwar eine eher kritische Einstellung gewichen, in den populären Zeitschriften wird jedoch durchweg positiv geurteilt.

In den USA herrscht die These vor, *Das Geisterhaus* sei eine fruchtbare Umkehr des márquezschen Erzählmodells: Wichtiger als die Gemeinsamkeiten seien der historisch veränderte Blickwinkel, die feministische Sicht, die schlichte und dadurch effektive Sprache, die starken Figuren, die Linearität, die Lesbarkeit.

> »Es ist keine Frage, dass der Roman [*Das Geisterhaus*] so etwas wie eine chilenische Version von *Hundert Jahre Einsamkeit* ist, aber bei weitem interessanter ist, wie er sich vom Prototyp unterscheidet.« (Gerald Martin, *Journeys Through the Labyrinth*, S. 351)

Kritik wird mit dem Hinweis auf die Massenwirksamkeit von *Das Geisterhaus* relativiert: »Allendes Buch [...] hat den Horror des chilenischen Militärputsches genauso vielen Menschen nahegebracht wie Costa-Gavras' Film *Missing*, dessen Absichten ähnlich waren« (Martin 1989, S. 353), während gleichzeitig der elitäre Charakter des »Gegnermodells« herausgestellt wird: »*Cien años de soledad* bleibt wegen seines zweideutigen, spielerischen und magischen Charakters als politischer Roman weitestgehend wirkungslos.« (Swanson 1994, S. 218)

»Die Macht des Kinos ist wirklich erstaunlich«

Es wird geschätzt, dass Isabel Allendes Romane weltweit in mehr als 30 Millionen Ausgaben vorliegen (wovon die Hälfte auf *Das Geisterhaus* entfallen). Dennoch betont die Erfolgsautorin, dass Literatur elitär sei. Zwar werde sie von vielen Menschen gelesen, aber nur von denen, die es sich leisten können, und »die Autoren, die fähig sind, Menschen zu erreichen, die keine Leser sind, sind selten. Sehr, sehr selten.« (Allende; zit. n. GL, S. 181) Nachdem Oprah Winfrey, Amerikas große Fernsehtalkmasterin, *Daughter of Fortune* (*Fortunas Tochter*) Vgl. S. 99 in ihrer Sendung als Buch des Monats vorgestellt hatte, wurde Allendes Internetseite innerhalb von acht Stunden mehr als 500 000 Mal angewählt, der Verlag musste bald eine zweite Auflage des Romans drucken, denn zwischen Februar und März 2000 waren über eine Million Exemplare der amerikanischen Ausgabe verkauft worden. Fasziniert von dieser Macht, erzählt Allende

> »Jemand wie Oprah ist zehn-millionenmal mächtiger als das mächtigste Buch der Welt.« (Isabel Allende im Gespräch mit Linda Gould Levine; zit. n. GL, S. 181)

von einer venezolanischen »telenovela«, einer Seifenoper, in der eine der Hauptfiguren eine Mammographie durchführen

> »*Telenovelas* werden als das lateinamerikanische Kulturpro-dukt par excellence gesehen. Sie bilden die klassische und meistgesehene Fernsehsparte, denn manche Zuschauer schau-en sich bis zu drei oder vier *telenovelas* am Tag an. Kulturelle, soziale und geschlechtsspezifische Grenzen überschreitend, vereinen sie vor dem Fernsehapparat ein Publikum aus allen sozialen Schichten. [...] *Telenovelas* wurden anfänglich als Be-standteil eines auf Frauen ausgerichteten Nachmittagspro-gramms gesendet, so bei der ersten *telenovela*, *El derecho de nacer* (Das Recht, geboren zu werden), die als Fernsehversion der berühmten, 1948 in Kuba gesendeten Radioserie sowohl in Brasilien als auch in Mexiko gezeigt wurde.« (Silvia Bermúdez, »Popular Culture in Latin America«, S. 181)

ließ, woraufhin Tausende Venezolanerinnen am nächsten Tag ihren Frauenarzt aufsuchten. In *Mi país inventado* (MPI, S. 118 f.) beschreibt sie, wie süchtig man in Chile solche Fern-sehserien verfolge; nach besonders dramatischen Folgen rie-fen ihre Freundinnen sie per R-Gespräch in den Staaten an. Die »telenovela« und ihr Vorläufer, die »radionovela«, haben Allende geprägt, von da stamme ihr Faible für das Geschich-tenerzählen und die Macht des Wortes; als Kind liebte sie es,

mit den Dienstboten in der Küche gebannt die täglichen
Hörspielserien zu verfolgen, um mit der Zeit die Gestalten
aus dem Radio als zusätzliche Familienmitglieder zu betrachten.

> »Als ich das Buch [*Das Geisterhaus*] schrieb, waren meine Ver-
> wandten sehr böse auf mich. Aber dann wurde das Buch sehr
> bekannt, und sie fingen an, die Rollen zu spielen. Das Buch
> hat die reale Erinnerung der Familie ersetzt. Jetzt reden sie so,
> als wären diese Dinge wirklich passiert. Aber Filme sind noch
> mächtiger als Bücher, und sobald der Film in den Kinos ist,
> werden alle glauben, dass Meryl Streep und Jeremy Irons
> meine Großeltern sind.« (Isabel Allende; zit. n. Michael Toms,
> »Schreiben aus dem Bauch heraus«, S. 202)

Verfilmungen Einige ihrer Bücher sind verfilmt worden. Am 21. Oktober
1993 hatte *Das Geisterhaus* in München Weltpremiere und
führte drei Wochen danach die deutsche Kino-Hitliste an.
Regie führte Bille August (*1948), der neben Produktionen
für das Fernsehen auch Spielfilme wie *Pelle, der Eroberer* und
Fräulein Smillas Gespür für Schnee gedreht hat; die Musik
stammte von Hans Zimmer, produziert wurde der Film von
Bernd Eichinger, die Drehorte lagen in Portugal und Kopen-
hagen. Dass die Hauptdarsteller Meryl Streep, Jeremy Irons,
Glenn Close allesamt heller Hautfarbe waren, traf auf Kritik,
doch Allende hielt dagegen, die Mächtigen und die Ange-

Filmplakat
»Das Geister-
haus«, 1993

hörigen der Oberschicht »sehen
immer wie Europäer aus« (zit. n.
Benjamin und Engelfried 2000,
S. 212).
Die aus Venezuela stammende
Regisseurin Betty Kaplan schloss
1994 den Film *Von Liebe und Schatten* ab; Antonio Banderas spielte
darin den Fotografen Francisco,
der anders als im Buch zur Hauptfigur wurde, und Irene wurde von
Jennifer Connelly dargestellt. Antonio Banderas hat auch in der

Vgl. S. 79

Fortsetzung von *Die Maske des Zorro, The Legend of Zorro*, Vgl. S. 113 f. wieder die Hauptrolle inne. Der Film folgt, anders als man meinen könnte, aber nicht Allendes Roman *Zorro*.

Das Geisterhaus wurde mehrfach auch auf die Bühne ge- **Theater** bracht, so 1990 in London am Yorick Theater in einer Auf- führung, die acht Stunden dauerte und mit 150 Schauspielern besetzt war; 1996 in Los Angeles und 1998 in Puerto Rico. Besonders viele Anregungen bot *Eva Luna*. Allendes dritter Roman bildet die Grundlage für ein isländisches Musical von 1994; der Anblick der isländischen Künstler, die sich zu kari- bischen Rhythmen bewegten, soll Allende zu dem Ausspruch veranlasst haben: »Wenn das geht, ist alles möglich.« 1995 konnte man Eva Lunas Leben sogar in einer englischen Thea- terversion mit Marionetten und Schauspielern verfolgen. Drei Erzählungen aus *Geschichten der Eva Luna* hat die Cho- reographin Della Davidson aus San Francisco 1997 in das Tanztheaterstück »Night Stories: The Eva Luna project, first cycle« umgearbeitet; »first cycle«, denn nach »Tosca«, »Eine Rache« und »Verdorbenes Kind« sollte eine Fortsetzung fol- gen. Die auf *Eva Luna* basierende Oper *Phantom Palace* kon- zentriert sich auf die Widersprüche Lateinamerikas im Kon- flikt zwischen »erster« und »dritter« Welt, auf die koloniale Vergangenheit und die unterdrückte indianische Urbevölke- rung und war auch 2004 in Stuttgart zu sehen. Eine Bühnen- fassung von *Paula* wurde 1999 eine Saison lang in San Fran- cisco gezeigt, und einem uruguayischen Theaterstück lagen Fragmente aus *Aphrodite* zugrunde.

Bei der Lektüre sehen viele Allendes Geschichten schon auf **Filmprojekte** der Leinwand: Die Filmrechte für *Paula* wurden 2000 verge- ben, Angebote für *Fortunas Tochter* gab es auch schon (2002). Der argentinische Regisseur Fernando Solanas, der hierzu- lande vor allem durch seinen Film *Sur* bekannt wurde und im Frühjahr 2004 in Berlin den Goldenen Bären für sein Lebens- werk erhielt, hatte schon drei Jahre an einem Spielfilm gear- beitet, der auf *Aphrodite* basiert, musste das Projekt jedoch 2001 aufgrund der politisch-ökonomischen Krise in Argenti- nien aufgeben. Geplant war auch die Verfilmung von *Eva Luna* und einigen ihrer Erzählungen (z. B. »Geschenk für eine Braut«): Der chilenische Schriftsteller Antonio Skármeta (*1940), mit dem Allende befreundet ist, wollte das Drehbuch schreiben; Michael Radford sollte Regie führen. Der Italo-Amerikaner Radford hatte schon 1996 mit großem Erfolg Skármetas Roman *Mit brennender Geduld* (1982) als *Il Postino – Nerudas Briefträger* verfilmt. Das Projekt liegt jedoch nun schon seit einiger Zeit auf Eis.

Allende betont nachdrücklich, dass sie auf Filme oder Theaterstücke, die auf ihren Büchern basieren, keinen Einfluss mehr habe. Sie schreibt »Ende« unter ihren Text und legt ihn dann in andere Hände; in die der Leser, die den Roman vor ihrem jeweiligen Erfahrungshintergrund lesen, oder in die der Regisseure, die auswählend und interpretierend ein neues Produkt erstellen.

> »Ich glaube, dass der Schriftsteller so etwa die Hälfte beisteuert, und die andere Hälfte steuert der Leser bei, deswegen verändert sich jedes Buch mit jeder Lektüre: Jeder Leser gemäß seiner Lebensgeschichte, seiner Erfahrung und seinen Gefühlen, erschafft es neu.« (Isabel Allende; zit. n. Pilar Álvarez-Rubio, »Una conversación con Isabel Allende«, S. 1068)

Isabel Allende, der Medienstar

Allendes triumphaler Erfolg und ihre humorvolle, mitfühlende und sympathische Art machten sie schnell zum Star der Literaturszene. Ein amerikanischer Literaturwissenschaftler, der 1986 das Kulturfestival »Iberoamericana« besuchte, erinnert sich an die damaligen Lesungen und illustriert am Beispiel der Veranstaltungsorte die Kluft, die Allende bezüglich ihrer Medienwirksamkeit von anderen, weniger populären Autoren trennt: »Während ihr Landsmann José Donoso (*1925) – bis zum Erscheinen des *Geisterhauses* 1982 unbestritten der größte zeitgenössische Romancier Chiles – in einer beengten Buchhandlung im Vorort Begedorf aus der deutschen Übersetzung seines Romans *Das Landhaus* las, füllten Allendes Fans die Ränge und Logen des Deutschen Schauspielhauses in Hamburg.« (Swanson 1994, S. 218)

»Als ich Isabel kurz nach Erscheinen des *Geisterhauses* auf einem Schriftstellerinnen-Treffen sah, ungeschminkt, in einem folkloristisch anmutenden Rock, darüber ein grauer Poncho und in der Hand eine riesige Ledertasche, wirkte sie verschüchtert wie ein kleines Mädchen, das plötzlich inmitten eines lauten Festes mit vielen unbekannten Menschen gelandet ist. Sie sah kaum über das Pult, von dem aus sie mit tonloser Stimme ihren Vortrag über den Roman ablas.« (Celia Correas Zapata, *Isabel Allende. Mein Leben, meine Geister*, S. 236)

Zwar war Allende bei ihren ersten öffentlichen Auftritten noch ungeübt und zurückhaltend, doch sie hat in gut 20 Jahren im literarischen Betrieb gelernt, sich in jeder Situation zu behaupten: Sie eröffnet Kongresse, hält Dankesreden und Festvorträge, wirbt um Gelder bei Wohltätigkeitsveranstaltungen, war Gast im Weißen Haus und hat Hunderte von Interviews gegeben. Eine Freundin bemerkt, sie wirke auf der Bühne wie eine professionelle Schauspielerin und bringe ihr Publikum dazu, an ihren Lippen zu hängen.

Allende nutzt die Gelegenheit von Interviews, um sich selbst neu zu entwerfen. Sie, die in ihrer Konzeption von Literatur die Auffassung vertritt, dass erst das gedruckte Wort die Wirklichkeit hervorbringe, probiert in Gesprächen neue Rollen

Mit Bill Clinton
im Weißen Haus,
1997

aus: »Für Allende bedeutet ein Interview nicht nur, Erinnerungen zu schildern und Meinungen kund zu tun, sondern auch, sich in fantasievolle Selbstverwandlungen zu stürzen: Diese sind ein Teil des schauspielerischen Repertoires der Prosaerzählerin und unprosaischen Fantastin.« (R, S. 15)

Schreiben als Privileg und Verantwortung Interviews und Reden, Podiumsdiskussionen und Talk-Shows gehören für die Schriftstellerin zu ihrer öffentlichen Stellung, die sie zugleich als Privileg und Verantwortung begreift. Früher wollte sie vom »Fresko Lateinamerika« künden, von Leid und Unrecht, aber auch von Solidarität und Mut, heute tritt sie für eine gerechtere Welt ein, in der »Kreativität, Phantasie, Solidarität und Mitgefühl herrschen« (Allende; zit. n. GL, S. 17).

Allendes Bild in den Medien In den Medien wurde Allende als »Nichte« Salvador Allendes eingeführt. Sie wurde als Erfolgsautorin präsentiert, als Sprecherin Lateinamerikas und – besonders nach ihrem Umzug in die USA 1987 – als Vermittlerin zwischen den Kulturen; damals erhielt sie auch den Beinamen der »lateinamerikanischen Scheherazade«. Durch Hochglanzmagazine wie *Vogue* und *Vanity Fair* oder andere populäre Zeitschriften wie *Spiegel* und *Focus* erlangte sie bald den Status einer internationalen Berühmtheit: »Es ist nicht verwunderlich, dass die Star-Behandlung, mit der sie verschwenderisch bedacht wird, ihrem Bild in gewissen akademischen Zirkeln den Glanz genommen hat.« (Swanson 1994, S. 218) Auch bei Schriftstellerkollegen wirkt eine solche Bekanntheit, besonders in Verbindung mit hohen Verkaufszahlen, oft verdächtig: »Mir gefallen Isabel Allende und Laura Esquivel nicht, die Epigoninnen von García Márquez sind, aber sie haben Erfolg« (zit. n. www.clubcultura.com), so der spanische zeitgenössische Romancier Antonio Múñoz Molina.

Allende als Vorreiterin Die Autorin des *Geisterhauses* wird gerne als Leitfigur der jüngeren Generation lateinamerikanischer Schriftstellerinnen dargestellt; in Rezensionen und Klappentexten neuer Bücher von Zoé Valdés, Patricia Melo oder Laura Restrepo ist dann zu lesen: »schreibt im Stil von Isabel Allende« oder Ähnliches; manchmal wird auch Allende selbst zitiert, die es wichtig findet, jüngere Schriftsteller zu unterstützen. Ob sie für diese

»Unzweifelhaft haben diese Artikel [in populären Magazinen] Allendes Wirkungskreis vergrößert und sie einem breiten internationalen Lesepublikum näher gebracht. Sie haben [...] zu dem überlebensgroßen, ja sogar mythischen Bild beigetragen, mit dem sich jetzt auch die Wissenschaftler und ernsthaften Leser auseinanderzusetzen haben.« (John Rodden, *Zorn und Liebe*, S. 21)

»Dann [in den 1980er Jahren] meldeten sich neue Erzählerinnen zu Wort und eroberten ein breites Publikum. Nach Isabel Allende forderte Angeles Mastretta zum Mexikanischen Tango auf, später lud Laura Esquivel zu schäumend heißer Schokolade ein. Mit Hollywoods Schauspiellieblingen verfilmt, beförderte das Kino den Erfolg der Autorinnen und machte ihn um so einträglicher. Seither wurden weitere Schriftstellerinnen bekannt und übersetzt wie die Kubanerin Zoé Valdés, die Brasilianerin Patricia Melo, die aus Kuba stammende Puertorikanerin Mayra Montero, die Mexikanerin Carmen Boullosa oder die Kolumbianerin Laura Restrepo. Selbstbewußt treten sie neben ihren männlichen Kollegen auf, lehnen es ab, sich unter dem Etikett Frauenliteratur einordnen zu lassen. Ihre Themen sind so vielschichtig wie die der Autoren. Ob es die Einwanderung in die Neue Welt ist, ein historischer Roman, die Erfahrung von Diktatur und Exil, die Darstellung von Kindheitswelten, die Geschichte eines Familienclans oder das anonyme Leben in der Großstadt. Die Kritik hat die neuen Autorinnen fast ausnahmslos begeistert aufgenommen. Wenn irgend möglich, verweisen die Rezensenten gern auf die Verwandtschaft zu großen Vorgängern.« (Ray-Güde Mertin, »Die Magie der alten Männer«)

Vorbildfunktion besitzt oder nicht – unbestritten ist, dass Isabel Allende mit *Das Geisterhaus* und ihren nachfolgenden Romanen eine Bresche geschlagen hat für eine breite Rezeption lateinamerikanischer Autor(inn)en. Sie selbst hat diesen Effekt einmal so bezeichnet: »Jeder Leser, der an einem Buch von mir Gefallen findet, hält hinterher nach weiteren lateinamerikanischen Schriftstellern Ausschau.« (Zit. n. CZ, S. 232) Angesichts ihrer herausgehobenen Stellung auf dem internationalen Buchmarkt ist es kein Wunder, dass das US-amerika-

nische Unternehmen Zorro Productions sie, eine spanisch-
Vgl. S. 110, 113 schreibende Chilenin, dazu auserkoren hat, den Roman über
»Zorro« zu schreiben.

Allendes Leser(innen)

Auch wenn Allende von Literaturkritik und -wissenschaft zuweilen harte Kritik einstecken muss, ihre Leser lieben sie. In
Deutschland ist sie die meistgelesene lateinamerikanische
Autorin und liegt mit ihren Buchverkäufen vor García Márquez oder Vargas Llosa. Allein *Das Geisterhaus* wurde seit 1984
mehr als zwei Millionen Mal verkauft; bei »Unsere Besten –
Das große Lesen« im ZDF – 250 000 Leser wählten ihren
Lieblingsroman – wurde die chilenische Familiensaga 2004,
20 Jahre nach ihrem Erscheinen, auf Platz 13 gewählt.

Allendes Fangemeinde ist meist weiblich und dort besonders
groß, wo sie zuerst bekannt wurde: in Deutschland, Italien,
Holland, den skandinavischen Ländern und Spanien. In Lateinamerika kam der große Erfolg erst nach der Veröffentlichung von *Von Liebe und Schatten.* Seit Mitte der 1990er
Jahre, seit dem Erscheinen von *Paula,* ist sie auch in den Vereinigten Staaten sehr berühmt.

Ihre Anhänger finden sich in allen Schichten und Altersstu-
fen: »Isabel Allende hat ihre Leser sowohl unter einem gebil-
deten, anspruchsvollen Publikum als auch unter den Leuten,
die sich einfach nur ein paar Stunden lang gut unterhalten
und der Realität entfliehen wollen.« (CZ, S. 221)

Wenn Isabel Allende ihren Lesern nicht schon vorher ans
Herz gewachsen war, dann geschah das spätestens nach der
Publikation von *Paula.* Die meisten sahen in ihr danach an
erster Stelle eine Mutter, die ihr Kind verloren hat, und nicht
die berühmte Schriftstellerin. »Die Interviews aus diesen Jahren sind häufig nicht nur biografisch, sondern sehr persönlich, wenn nicht intim« (R, S. 17); die Autorin habe im Frühjahr 1995 deutlich verändert gewirkt: »nachdenklicher, weniger zielstrebig, eher geneigt, etwas von sich preiszugeben,
nicht mehr so sehr darauf bedacht, sich keine Blöße zu geben«. (Ebd., S. 33)

Allendes langjährige Agentin Carmen Balcells und einige Ver-

Wirkung

leger hatten vor einer Veröffentlichung des *Paula*-Manuskripts Bedenken geäußert, ihre Mutter Panchita Llona befürwortete die Idee, allerdings unter der Bedingung, allzu Privates zu streichen. Allende hörte jedoch, wie schon so oft, auf ihren Instinkt: Ungekürzt erschien *Paula* im November 1994,

Querida Isabel:

Acabo de terminar de leer tu último libro PAULA y me veo movida a decirle lo que me hace sentir.

Tu libro me habla con voz familiar, me cuenta cosas que me saben a viejo. Cosas de tu familia de tu infancia y juventud pero sobre todo de sentimientos humanos.

Tu voz me llega al corazón como ninguna otra voz. Hay algo en un libro que no une al lector y al escritor en una comunicación íntima que va más lejos que ningún otro medio.

Paula para mí una carta de amor, una canción con todos sublimes de alegrías y tristezas como un concierto de horas.

A la edad de los treinta y cinco años la imagen del "total mexicano" me da la idea más

mas real de mi identidad. Yo también vivo lejos de mi país y el inglés es un idioma adoptado. Ya veo tu día encuentra relevancia en mi propia vida.

De todo corazón, querida Isabel, te agradezco la compañía, las imágenes que tus libros crean en mi mente, las emociones que me hacen sentir.

Te deseo suerte y felicidad en tu futuro con Willie.

Cuando Paula te acompañe en el mundo invisible de los espíritus dile que su memoria sigue viva en el pensamiento de los lectores de tu libro.

Con mucho cariño

Elena.

und Allende sah in einer Flut von Briefen ihre Entscheidung bestätigt: »Schon nach wenigen Wochen kamen die ersten Briefe von Lesern – Frauen und Männern –, die nach der Lektüre von *Paula* das Bedürfnis verspürten, mit mir in Kontakt zu treten. Hunderte, später Tausende von Briefumschlägen aus allen möglichen Orten, vor allem aus Italien, Spanien, Südamerika und den USA, aber auch aus ferneren Weltgegenden wie Indien oder Australien, ergossen sich wie ein wohltuend erfrischender Wasserfall über meinen Schreibtisch und über mein Leben. Alle meine früheren Bücher zusammengenommen haben in den dreizehn Jahren ihres Erscheinens nicht soviel Leserpost hervorgerufen wie *Paula* in wenigen Monaten.« (Allende 1996, S. 19 f.) Zwei Assistentinnen mussten eingestellt werden, um die Leserpost zu bewältigen, die Briefe zu öffnen, nach Sprachen zu sortieren und Allendes selbstgebastelte Antwortkärtchen zu verschicken.

Aus: »Briefe an Paula«, 1996

Allende hat einmal gesagt, sie wolle nicht für Kritiker schreiben, sondern für ihre Leser (vgl. Invernizzi 2000, S. 269). Und ihre Leser scheinen das zu spüren: »Beim Lesen Deiner Bücher habe ich etwas von der zauberhaften Magie verstanden, mit der Du die Empfindungen und die Intensität jedes leibhaftigen Moments zum Ausdruck bringst. Danke dafür, daß Du unsere Sicht durch Deine lebendige Wahrnehmung bereicherst, die manchmal widersprüchlich und subjektiv ist, ehrlich und vor allem von kräftiger Vitalität, mit deren Hilfe wir sogar unsere schmerzhaftesten Mißgeschicke überwinden können.« (Jesús Sieiro del Nido; zit. n. *Briefe für* Paula, S. 5)

»Auch in Rußland wird sie gelesen. Dort betrachtet man ihr Werk als Weltkulturerbe, was bedeutet, daß sie keine Lizenzgebühren bekommt.« (Celia Correas Zapata, *Isabel Allende. Mein Leben, meine Geister*, S. 220)

»Dieses Gefühl, dass ständig alles passieren kann, lieben die Leser der Isabel Allende.« (Klemens Kindermann, »Dorn in der Brust«)

»Allendes bekennender Ton ist sowohl glaubwürdig als auch charismatisch, gerade weil sie den Schmerz durchlebt hat – den Verlust eines Kindes –, der die Menschen tief bewegt. Ich habe erlebt, wie die Menschen von Allendes dramatischem Auftritt an der University of Texas im April 1995 tief berührt waren. Viele der zwölfhundert Zuhörer fingen angesichts Allendes emotionaler Ehrlichkeit abwechselnd an zu weinen und zu lachen.« (John Rodden über Allendes Lesung zwei Wochen nach Erscheinen der englischen Ausgabe von *Paula*; John Rodden, *Zorn und Liebe*, S. 300)

»Liebe Isabel,
ich las gerade *Paula* zu Ende. Noch nie war ich von einer wahren Lebensgeschichte so bewegt, so erbaut und emotional gefesselt. [...]
Womöglich hatte ich etwas Rührseliges erwartet, gar eine Predigt oder übermäßig Sentimentales, aber Sie greifen sofort den eingängigen Ton auf, den wir von Ihnen gewohnt sind, den wir kennen und lieben und der uns nicht nur mit Ihrer Spi-

ritualität in Berührung bringt, sondern auch mit unserer eigenen. Paula wäre stolz darauf, daß Sie ihrer gedenken und daß Sie sie so vielen Menschen nahe bringen, die im Leben keine Möglichkeit hatten, sie kennenzulernen. [...]

Das Beeindruckende daran ist, daß die Kraft der Erzählung uns selbst dann noch in der Geschichte vorwärts treibt, wenn sie durch kalte, klinische Details über Paulas Krankheit, Krankenhausaufenthalt, Pflege und Sterben unterbrochen wird und schon bedrückend, losgelöst und fast unzeitlich zu werden droht. Das ist, weil Schmerz, Schrecken und Leid unseren Verstand ausschalten und damit dem Gefühl zum Durchbruch verhelfen. Ihre Geschichte brachte so viele schmerzliche und freudige Erinnerungen an Mary Jo, die ich verloren habe, an die Oberfläche, daran, wie Hoffnung plötzlich in Verzweiflung umschlägt, Freude in Schmerz, Erwartung in Angst, einen geliebten Menschen zu verlieren. Ich bin so beeindruckt davon, wie Sie uns das alles verständlich machen und uns zu gleicher Zeit weinen und lachen lassen. Diese Geschichte ist nicht nur Ihre Geschichte, es ist Paulas, unsere, jedermanns Geschichte und zudem ein Zeitzeugnis Chiles in diesem Jahrhundert. Denen, die einen geliebten Menschen oder ein Land verloren haben, geben Sie Kraft durch Ihren Mut, Ihren Kampf, die Fähigkeit, die guten wie auch die schlechten Aspekte Ihrer Vergangenheit offenzulegen, und nicht zuletzt dadurch, wie Sie sich als Mensch darum bemühen, die Welt und den Platz, den Sie darin einnehmen, zu verstehen. [...]

Sie sind so ehrlich, so offen, so empfindlich, komisch, tragisch und mitreißend, mit Ihren Worten umreißen Sie auch das Leben von uns Lesern.« (David Gies, Virginia, USA; zit. n. *Briefe für* Paula, S. 63-67)

Anhang

Zeittafel

1942 2. August: Isabel Allende wird in Lima, Peru geboren.

1945 Isabels Mutter, Panchita Llona, trennt sich von ihrem Mann Tomás Allende und zieht zu ihren Eltern nach Santiago.

1953-1958 Panchita Llona begleitet ihren Lebenspartner, den Diplomaten Ramón Huidobro, mit den Kindern nach La Paz, Bolivien, und zwei Jahre später nach Beirut in den Libanon.

1958 Aufgrund der Suezkrise verlassen Panchita Llona und Ramón Huidobro Beirut. – Isabel kehrt zu ihrem Großvater nach Santiago zurück und beendet dort die Schule. – Sie lernt Michael Frías kennen.

1960 Allende arbeitet für die Welternährungsorganisation der UNO.

1962 8. September: Isabel Allende und Michael Frías heiraten.

1963 22. Oktober: Das erste Kind, Paula, wird geboren.

1965 Allende bekommt eine Arbeit beim Fernsehen.

1965-66 Studienaufenthalt in Europa (Belgien, Schweiz).

1966 2. Dezember: Ihr zweites Kind, Nicolás, wird geboren.

1967-1974 Allende arbeitet als Redakteurin bei der Frauenzeitschrift *Paula*.

1970 Der Kandidat der *Unidad Popular*, Salvador Allende, wird erster sozialistischer Präsident Chiles.

1970-1975 Isabel Allende moderiert mehrere eigene Fernsehsendungen.

1971-1974 Ihre Theaterstücke *La balada de medio pelo* (1971), *El embajador* (1973) und *La casa de los siete espejos* (1974) werden aufgeführt.

1973 11. September: Ein Militärputsch zerschlägt die sozialistische Regierung. Salvador Allende begeht Selbstmord.

1974 *Civilice a su troglodita*, eine Sammlung von Isabel Allendes Beiträgen für *Paula*, erscheint sowie die Kindergeschichten *La abuela Panchita* und *Lauchas, lauchones, ratas y ratones*.

1975 Allende geht mit Michael und den Kindern nach Caracas, Venezuela, ins Exil. – Sie schreibt für die Tageszeitung *El Nacional*.

1978 Allende bekommt eine Stelle in der Verwaltung einer Schule.

1981 Als Allende erfährt, dass ihr Großvater im Sterben liegt, schreibt sie ihm einen Abschiedsbrief, aus dem ihr erster Roman hervorgeht.

1982 In Spanien erscheint *La casa de los espíritus* (dt. *Das Geisterhaus*, 1984).

1984 *De amor y de sombra* (dt. *Von Liebe und Schatten*, 1986) wird gleichzeitig mit *La gorda de porcelana* veröffentlicht, einem humoristischen Kurzroman von 1974.

1985-86 Allende erhält Gastprofessuren an verschiedenen amerikanischen Universitäten.

1987 Isabel Allende und Michael Frías trennen sich gütlich nach 25 Jahren Ehe. – *Eva Luna* (dt. *Eva Luna*, 1988) erscheint. – Allende lernt den Rechtsanwalt William Gordon kennen und zieht im Dezember zu ihm nach Kalifornien.

1988-1989 Gastprofessuren am Barnard College in New York City, an der Universität von Virginia und der Universität von Kalifornien in Berkeley.

1988 7. Juli: Isabel Allende und William Gordon heiraten. – Allende reist zum ersten Mal nach 13 Jahren nach Chile. – 5. Oktober: Volksabstimmung in Chile, die Opposition gewinnt.

1989 Allendes erste und einzige Sammlung von Kurzgeschichten erscheint als *Cuentos de Eva Luna* (dt. *Geschichten der Eva Luna*, 1990). – Allende wird in die Chilenische Akademie der Sprache aufgenommen.

1990 Patricio Aylwin, erster demokratisch gewählter Präsident seit 1970, verleiht Allende den Gabriela-Mistral-Preis, die höchste kulturelle Auszeichnung Chiles.

1991 Dezember: Bei der Vorstellung ihres neuesten Romans, *El plan infinito* (dt. *Der unendliche Plan*, 1992), erfährt Isabel Allende, dass ihre Tochter Paula einen Porphyrie-Anfall erlitten hat und im Koma liegt; Allende sagt alle Verpflichtungen ab und ist ein Jahr lang ausschließlich für Paula da.

1992 6. Dezember: Paula stirbt in Allendes Zuhause in Kalifornien.

1993 In München wird der Kinofilm *Das Geisterhaus* unter der Regie von Bille August mit großer Starbesetzung uraufgeführt.

1994 Allende wird in den französischen *Ordre des Arts et des Lettres* aufgenommen. – Ihr Lebensroman *Paula* (dt. *Paula. Ein Lebensroman*, 1995) erscheint. – Betty Kaplans Verfilmung von *Von Liebe und Schatten* kommt in die Kinos.

1996 Allende richtet die »Isabel Allende Foundation« ein.

1997 *Afrodita. Cuentos, recetas y otros afrodisíacos* (dt. *Aphrodite. Eine Feier der Sinne*, 1998) erscheint.

1998 16. Oktober: Der Exdiktator Pinochet wird in London verhaftet. – Allende erhält den Dorothy-and-Lillian-Gish-Preis für *Aphrodite* als »außerordentlichen Beitrag für die Schönheit der Welt«; andere Preisträger sind unter anderen Ingmar Bergman und Bob Dylan.

1999 *Hija de la fortuna* (dt. *Fortunas Tochter*, 1999), Allendes erster Roman seit Paulas Tod, erscheint gleichzeitig in mehreren Sprachen.

2000 2. März: Pinochet wird aus der Haft entlassen und kehrt nach Chile zurück. – Der Folgeroman *Retrato en Sepia* (dt. *Porträt in Sepia*, 2001) komplettiert die *Geisterhaus*-Trilogie.

2002 Die weltweite Veröffentlichung von *La Ciudad de las Bestias* (dt. *Die Stadt der wilden Götter, 2002*) bildet den Auftakt für die Romantrilogie *Die Abenteuer von Aguila und Jaguar*, die sich vorrangig an Jugendliche richtet.

2003 Der zweite Teil *El Reino del Dragón de Oro* (dt. *Im Reich des Goldenen Drachen, 2003*) kommt heraus sowie *Mi país inventado* (dt. *Mein erfundenes Land*, geplant für 2006), eine Verbindung von Memoiren und humorvoller Reisebeschreibung Chiles.

2004 *El Bosque de los Pigmeos* (dt. *Im Bann der Masken, 2004*) beschließt die Abenteuertrilogie. – Allende wird zur Hans-Christian-Andersen-Botschafterin ernannt.

2005 Der Roman *El Zorro. Comienza la leyenda* (dt. *Zorro*, 2005) erscheint.

Bibliographie

(Alle Zitate aus fremdsprachiger Literatur übersetzt von Martina Mauritz)

Werke von Isabel Allende (mit Siglen)

A   *Aphrodite. Eine Feier der Sinne*, Frankfurt a. M. 1998
G   *Das Geisterhaus*, Frankfurt a. M. 1984
UP *Der unendliche Plan*, Frankfurt a. M. 1992
     Die Stadt der wilden Götter, Frankfurt a. M. 2002
EL *Eva Luna*, Frankfurt a. M. 1988
     Fortunas Tochter, Frankfurt a. M. 1999
     Geschichten der Eva Luna, Frankfurt a. M. 1989
     Im Bann der Masken, Frankfurt a. M. 2004
     Im Reich des Goldenen Drachen, Frankfurt a. M. 2003
MPI *Mi país inventado*, Barcelona 2003 (erscheint als *Mein erfundenes Land*, voraussichtlich 2006)
P   *Paula*, Frankfurt a. M. 1995
PS *Porträt in Sepia*, Frankfurt a. M. 2001
     Von Liebe und Schatten, Frankfurt a. M. 1986
     Zorro, Frankfurt a. M. 2005

Beiträge von Isabel Allende in Publikationen

»La magia de las palabras«. In: *Revista Iberoamericana* 51 (Jul.-Dez. 1985). 132-133. S. 447-452
»Los libros tienen sus propios espíritus«. In: Coddou 1987. S. 15-20
»Schreiben gegen das Vergessen. Briefe für *Paula*«. In: *Briefe für Paula. Leserinnen und Leser aus aller Welt zu Isabel Allendes Lebensroman*. Frankfurt a. M. 1996. S. 9-29
»Pinochet Without Hatred«. In: *New York Times Magazine* vom 17. Januar 1999. S. 24-27
»Vorwort«. In: Rodden 2000. S. 9-11
»Love at First Sight for My California Dream«. In: *The Observer* vom 10. November 2002

Kommentierte Auswahlbibliographie

Verwendete Siglen
CZ **Correas Zapata, Celia**: *Isabel Allende. Mein Leben, meine Geister*. Frankfurt a. M. 2004
     Deutsche Übersetzung der zuerst 1998 erschienenen Gespräche zwischen Allende und der Autorin; in der deutschen Ausgabe

um die Romane *Fortunas Tochter* und *Porträt in Sepia* sowie aktuelle Gespräche erweitert.

GL **Gould Levine, Linda:** *Isabel Allende*. New York 2002
Als Biographie ausgewiesen, handelt es sich jedoch mehr um eine umfassende Werkbetrachtung mit einem einführenden biographischen Kapitel nebst Zeittafel und einem Interview von August 2000. Die Romananalysen stützen sich auf poststrukturalistische Theorien, kritische Aspekte bleiben zuweilen ausgespart.

R **Rodden, John (Hrsg.):** *Zorn und Liebe. Im Gespräch mit Isabel Allende*. Freiburg im Breisgau 2000
Gekürzte Übersetzung der ein Jahr zuvor in den USA erschienenen Interviewsammlung aus den Jahren 1984-1995; der Autor steuert eine umfangreiche Einführung bei sowie vier Interviews.

Brown, Meg H.: *The Reception of Spanish American Fiction in West Germany 1981-1991. A Study of Best Sellers*. Tübingen 1994
Interessante Studie über die deutsche Rezeption von García Márquez, Vargas Llosa, Allende und Mastretta; einzelne Werke werden im Hinblick auf Verlagspolitik, Verkaufs- und Marketingstrategien, Spezifika des deutschen Buchmarkts u. v. m. vorgestellt.

García Márquez, Gabriel: *Das Abenteuer des Miguel Littín. Illegal in Chile*. Köln 1987
Aus der Perspektive des chilenischen Regisseurs Miguel Littín geschriebene Ich-Erzählung über dessen 1985 heimlich in Chile gedrehten Film *Acta general de Chile*; das Buch eröffnet Einblicke in die Strategien des Untergrunds in der Diktatur sowie in die Gefühlswelt eines Exilanten.

Hart, Patricia: *Narrative Magic in the Fiction of Isabel Allende*. Cranbury, New Jersey 1989
Dissertation zu Allendes Bestseller *Das Geisterhaus* sowie in geringerem Maße auch zu den beiden folgenden Romanen und ihrem Kinderbuch *La gorda de porcelana*.

Herlinghaus, Hermann: *Intermedialität als Erzählerfahrung: Isabel Allende, José Donoso und Antonio Skármeta im Dialog mit Film, Fernsehen, Theater*. Frankfurt a. M. u. a. 1994
Die Studie erforscht den Einfluss der Medien in der literarischen Produktion der drei chilenischen Autoren; Allendes Karriere beim Fernsehen, die Einflüsse von »radio«- und »telenovelas« sowie die so-

ziologischen Hintergründe der chilenischen Situation werden beleuchtet.

Potthast, Barbara: *Von Müttern und Machos. Eine Geschichte der Frauen Lateinamerikas.* Wuppertal 2003
Sehr differenzierte und lesenswerte Überblicksdarstellung mit einem Schwerpunkt im 20. Jahrhundert.

Shaw, Donald L.: *Nueva narrativa hispanoamericana. Boom. Posboom. Posmodernismo.* Madrid 1999
Lohnender Abriss über die Literatur der Post-Boom-Autoren, der Allende im Gefüge der Exilautoren einen Platz gibt. Schließt alle Werke bis *Fortunas Tochter* ein (zuerst in Englisch erschienen).

Swanson, Philip (Hrsg.): *Companion to Latin American Studies.* London 2003
Vielfältige Aufsatzsammlung zu Lateinamerika. Breitgefächerte Themen, neben Politik, Literatur und Geschichte auch Popkultur, Rassenproblematik und Kolonialismusdebatte.

Tobler, Hans-Werner/Bernecker, Walter (Hrsg.): *Handbuch der Geschichte Lateinamerikas.* Bd. 3. Stuttgart 1996
Das deutsche Standardwerk bietet durch die Vielzahl namhafter Spezialisten unterschiedliche Blickwinkel und methodische Herangehensweisen; gegliedert nach Ländern bzw. Regionen.

Wittig, Wolfgang: *Nostalgie und Rebellion: Zum Romanwerk von Gabriel García Márquez, Mario Vargas Llosa und Isabel Allende.* Würzburg 1991
Als einzige Frau der »drei nostalgischen Rebellen« begreift Wittig Allende in ihren Werken bis einschließlich *Eva Luna* als »Kämpferin für die Emanzipation der Frau«.

Weitere Literatur

Agosín, Marjorie: »Agujas que hablan: Las arpilleristas chilenas«. In: *Revista Iberoamericana* 51 (Jul.-Dez. 1985). 132-133. S. 523-529
– Dies.: »Isabel Allende: Piratin, Geisterbeschwörerin und Feministin«. In: Rodden 2000. S. 51-60

Álvarez-Rubio, Pilar: »Una conversación con Isabel Allende«. In: *Revista Iberoamericana* 60 (Jul.-Dez. 1994). 168-169. S. 1063- 1071

Angell, Alan: »Chile seit 1920«. In: Tobler und Bernecker 1996. S. 847-887

Antoni, Robert: »Parody or Piracy: The Relationship of *The House of the Spirits* to *One Hundred Years of Solitude*«. In: *Latin American Literary Review* 16 (1988). 32. S. 16-28

Benjamin, Jennifer/Engelfried, Sally: »Schmerz in Kunst verwandeln«. In: Rodden 2000. S. 208-225

Bermúdez, Silvia: »Popular Culture in Latin America«. In: Swanson 2003. S. 172-184

Carrión, Ignacio: »Liebe und Tränen«. In: Rodden 2000. S. 147-166.

Coddou, Marcelo (Hrsg.): *Los libros tienen sus propios espíritus. Estudios sobre Isabel Allende.* Veracruz, Mexiko 1987

Coleman, Alexander: »Reconciliation Among the Ruins«. In: *The New York Times Book Review* vom 12. Mai 1985. S. 1

Cortínez, Verónica: »El pasado deshonroso de Isabel Allende«. In: *Revista Iberoamericana* 60 (Jul.-Dez. 1994). 168-169. S. 1135-1141

Crystall, Elyse u. a.: »Erzählen aus Leidenschaft«. In: Rodden 2000. S. 127-146

Dorfman, Ariel: »Ödipus zwischen den Bäumen«. In: Ders.: *Ödipus zwischen den Bäumen. Ansichten zur Lateinamerikanischen Literatur.* Berlin und Weimar 1982. S. 255-266

– Ders.: »A la espera«. In: *El País* vom 17. November 1999

Drews, Jörg: »Isabel Allende bei Suhrkamp«. In: *Merkur* 40 (Dez. 1986). 454. S. 1065-1069

Edwards, Jorge: »A Southamerican Landscape of the Imagination«. In: *Los Angeles Times* vom 3. August 2003. S. 7

Ertler, Klaus-Dieter: *Kleine Geschichte des lateinamerikanischen Romans: Strömungen – Autoren – Werke,* Tübingen 2002

Foster, Douglas: »Die Frau hinter den Geschichten«. In: Rodden 2000. S. 87-97

García Pinto, Magdalena: »Chiles Troubadourin«. In: Rodden 2000. S. 61-86

Goggans, Jan: »»Es gibt etwas Magisches beim Geschichtenerzählen««. In: Rodden 2000. S. 167-189

Gregory, Stephen: »Scheherazade and Eva Luna: Problems in Isabel Allende's Storytelling«. In: *Bulletin of Spanish Studies* 80 (2003). 1. S. 81-101

Mertin, Ray-Güde: »Die Magie der alten Männer«. In: *Zeitschrift für Kulturaustausch* (1999). 2

Hart, Patricia: »*The Stories of Eva Luna* by Isabel Allende«. In: *The Nation* vom 11. März 1991. S. 314-316

Herlinghaus, Hermann: »Isabel Allende – Chronik und Phantasie, Chronik und Geschichte«. In: *Romankunst in Lateinamerika.* Hrsg. von Hermann Herlinghaus. Berlin 1989. S. 255-271

Homedes, Marc: »»Hay una saturación materialista‹ Entrevista con Isabel Allende«. In: *La Vanguardia* vom 8. September 2003. S. 33

Hornblower, Margot: »Grief and Rebirth«. In: *Time* vom 10. Juli 1995. S. 65

Invernizzi, Virginia: »›Ich erinnere mich an Gefühle, und ich erinnere mich an Augenblicke‹«. In: Rodden 2000. S. 260-286

– Dies./Pope, Melissa: »Frauengeschichten, meine Geschichten«. In: Rodden 2000. S. 98-108

Jaggi, Maya: »A View From the Bridge«. In: *The Guardian* vom 5. Februar 2000

Kindermann, Klemens: »Dorn in der Brust«. In: *Freitag* vom 6. Dezember 2002

Koene, Jacoba: »Entre la realidad y la ficción: La parodia como arma de subversión en ›Tosca‹ de Isabel Allende«. In: *Romance Notes* 38 (Frühling 1998). 3. S. 263-270

Kaindlstorfer, Günther: »Isabel Allende produziert politischen Stillstand«. In: *Der Standard* vom 25./26. November 1999

Kronzucker, Dieter: *Der Tag des Kondors. Von Kuba bis Brasilien. Die politische Biographie eines Kontinents.* Reinbek bei Hamburg 1991

Lagos, Ramona: »Las marcas del poder y la escritura en *La casa de los espíritus*«. In: Dies.: *Varia Colección. Ensayos sobre literatura hispano-americana.* New York 1989. S. 269-291

Lemaître, Monique J.: »Deseo, incesto y represión en *De amor y de sombra* de Isabel Allende«. In: Riquelme Rojas und Aguirre Rehbein 1991. S. 97-107

Marcos, Juan Manuel/Méndez-Faith, Teresa: »Multiplicidad, dialéctica y reconciliación del discurso en *La casa de los espíritus* «. In: Coddou 1987) S. 61-70

Martin, Gerald: *Journeys Through the Labyrinth. Latin American Fiction in the Twentieth Century.* London 1989

– Ders.: »Latin American Narrative since 1920«. In: *The Cambridge History of Latin America.* Bd. 10. Hrsg. von Leslie Bethell. Cambridge 1995. S. 129-221

Maier, Linda S.: »Mourning Becomes *Paula*: The Writing Process as Therapy for Isabel Allende«. In: *Hispania* 86 (2003). 2. S. 237-243

Möckel, Magret: *Erläuterungen zu Isabel Allende Das Geisterhaus.* Hollfeld 1999

Mora, Gabriela: »Las novelas de Isabel Allende y el papel de la mujer como ciudadana«. In: *Ideologies and Literature* 2 (1987). S. 53-61

– Dies.: »Ruptura y perseverancia de estereotipos en *La casa de los espíritus*«. In: Coddou 1987). S. 71-78

Muñoz, Elías Miguel: »La voz testimonial de Isabel Allende en *De amor y de sombra*«. In: Riquelme Rojas und Aguirre Rehbein 1991. S. 61-72

Neruda, Pablo: *Ich bekenne, ich habe gelebt.* München 2000

Paz, Octavio: *Das Labyrinth der Einsamkeit.* Frankfurt a. M. 1974

Riquelme Rojas, Sonia/Aguirre Rehbein, Edna (Hrsg.): *Critical approaches to Isabel Allende's novels.* New York u. a. 1991

Rodríguez-Fernández, Mario: »García Márquez/Isabel Allende: Relación textual«. In: Coddou 1987. S. 79-90

Rössner, Michael (Hrsg.): *Lateinamerikanische Literaturgeschichte.* Stuttgart 1995

Ruta, Suzanne: »The Long Goodbye«. In: *The New York Times Book Review* vom 21. Mai 1995. S. 11

Sansom, Ian: »Behind the mask. Isabel Allende writing a Zorro Novel?« In: *The Guardian* vom 4. Juni 2005

Scheerer, Monika M./Scheerer, Thomas M.: »Isabel Allende: ›La casa de los espíritus‹«. In: *Der hispanoamerikanische Roman. Von Cortázar bis zur Gegenwart.* Hrsg. von Volker Roloff. Darmstadt 1992. S. 238-309

– Dies.: »Isabel Allende«. In: *Kritisches Lexikon der Romanischen Gegenwartsliteraturen.* Tübingen 1993

Schifferle, Hans: »Es war einmal in Chile. ›Das Geisterhaus‹, die Allende-Verfilmung von Bille August«. In: *Süddeutsche Zeitung* vom 21. Oktober 1993

Solms, Ricarda: »Volkes Stimme«. In: *Süddeutsche Zeitung* vom 13./14. September 2003

Swanson, Philip: »Tyrants and Trash: Sex, Class and Culture in *La casa de los espíritus* de Isabel Allende«. In: *Bulletin of Hispanic Studies* 71 (1994). 2. S. 217-237

Toms, Michael: »Schreiben aus dem Bauch heraus«. In: Rodden 2000. S. 190-207

Vargas Llosa, Mario: »El caso Pinochet«. In: *El País* vom 18. Oktober 1999

Weigel, Sigrid: *Bilder des kulturellen Gedächtnisses. Beiträge zur Gegenwartsliteratur.* Dülmen-Hiddingsel 1994

Weiß-Pawliska, Maria: *Gabriel García Márquez und Isabel Allende: Verwandlung und Verwandtschaft.* Paderborn 1993

Wessel, Günther: *Die Allendes. Mit brennender Geduld für eine bessere Welt.* Frankfurt 2002

Zambrano, Guillermo: »El tono de la novela. Diálogo del autor de *El vuelo de la reina*«. In: http://www.librusa.com/entrevista_tomas_eloy_martinez.htm

Internetadressen

www.clubcultura.com
Bietet größtenteils die Texte von www.isabelallende.com in spanischer Sprache, ist allerdings weniger aktuell.

www.isabelallende.com
Isabel Allendes Homepage mit einem biographischen Abriss, einer Vorstellung ihrer Werke, Fotos, Kommentaren und Interviews.

www.isabelallendefoundation.org
Neben der Entstehungsgeschichte der Stiftung, die Isabel Allende zu Ehren ihrer 1992 verstorbenen Tochter Paula ins Leben gerufen hat, und einigen biographischen Eckdaten der Schriftstellerin werden die verschiedenen Programme der Stiftung vorgestellt: Esperanza-Schenkungen, Paula-Stipendien und Espíritu-Auszeichnungen.

www.remember-chile.org
Umfangreiche Internetseite zu den Menschenrechtsverletzungen während der Diktatur Pinochets.

www.zorro.com
Internetseite von Zorro Productions, Inc. mit Informationen zum neuen Zorro-Film, *The Legend of Zorro*, einem geplanten Zorro-Musical, Allendes Roman *Zorro* und anderen Neuigkeiten um den maskierten Rächer.

Personenregister

Bildnachweis

Isabel Allende
Das Geisterhaus

Roman

Suhrkamp

Isabel Allende
im Suhrkamp Verlag

Das Geisterhaus
Roman
Aus dem Spanischen von Anneliese Botond
Gebunden und suhrkamp taschenbuch 1676. 500 Seiten

»»Barrabas kam auf dem Seeweg in die Familie‹, trug die
kleine Clara in ihrer zarten Schönschrift ein. Sie hatte schon
damals die Gewohnheit, alles Wichtige aufzuschreiben, und
später, als sie stumm wurde, notierte sie auch die Belanglosig-
keiten, nicht ahnend, daß fünfzig Jahre später diese Hefte mir
dazu dienen würden, das Gedächtnis der Vergangenheit
wiederzufinden und mein eigenes Entsetzen zu überleben.«
So beginnt der erste Roman der »geborenen Geschichtenerzählerin aus Lateinamerikas Talentschmiede« *(Los Angeles
Times)*, der zu einem Welterfolg wurde. Die Geschichte der
Familie del Valle, die zu Beginn des 20. Jahrhunderts in Chiles heiler Welt ansetzt und uns über vier Generationen durch
politischen Terror und persönliche Schicksale führt, ist »geist-
und phantasievoll, schauererregend und verspielt zugleich«.
Weltwoche

Von Liebe und Schatten
Roman
Aus dem Spanischen von Dagmar Ploetz
suhrkamp taschenbuch 1735. 424 Seiten

»*Von Liebe und Schatten* ist ein Roman mit zwei Gesichtern.
Die Hauptfiguren sind Irene Beltrán, eine junge Journalistin
aus dem angepaßten Bürgertum, und Francisco Leal, der
Sohn von Intellektuellen, dessen Vater Spanien nach dem
Bürgerkrieg verlassen hat und der die Hoffnung auf eine
Rückkehr nicht aufgibt. Ohne die Diktatur würden sich die
beiden jungen Leute nicht lieben, weil sie nicht gemeinsam
gekämpft hätten. Weil sie gemeinsam in den Schatten des Re-
gimes vorgedrungen sind, weil sie nach den Verschwundenen
gesucht und Tote gefunden haben, haben sie gelernt, sich
selbst und den anderen zu erkennen und das, was aus ihrem
Lande geworden ist.« *Libération*

Isabel Allendes engagierter Roman ist nicht nur eine Liebesgeschichte, sondern die Auseinandersetzung mit Chiles jüng-
ster Vergangenheit: »Ich muß einen Kontinent erzählen«, sagt
die Autorin, »für diejenigen sprechen, die keine Stimme haben.«

Eva Luna
Roman
Aus dem Spanischen von Lieselotte Kolanoske
Gebunden und suhrkamp taschenbuch 1897. 393 Seiten

Turbulente Ereignisse verschlagen die junge Eva Luna von der quirligen Hauptstadt in der Karibik an einen entlegenen Ort in tropischer Stille, wo sie Frieden, aber auch sinnliche Unruhe findet. Als schließlich die Umstände sie zum Handeln zwingen, wird aus der unbeschwerten Geschichtenerzählerin eine mutige, entschlossene Frau.

»Erfundenes und Erlebtes, Okkultes und Wahres, Märchen und Mythen mixt die Autorin von *Das Geisterhaus* zu einem exotischen Lesevergnügen.« *Westfalenpost*

»Ein faszinierendes Feuerwerk.« *stern*

Der unendliche Plan
Roman
Aus dem Spanischen von Lieselotte Kolanoske
suhrkamp taschenbuch 2302. 460 Seiten

Voller Unruhe und Lebensgier ist der Nordamerikaner Gregory Reeves, der inmitten von Hispanos in East Los Angeles aufwächst. Sein abenteuerliches Leben scheint jedoch einem Prinzip zu folgen: dem unendlichen Plan.

»Isabel Allende schildert die amerikanische Gesellschaft mit sezierender Genauigkeit, wobei ihre lateinamerikanische Herkunft und ihre Liebe immer spürbar bleiben.« *die tageszeitung*

Paula
Aus dem Spanischen von Lieselotte Kolanoske
suhrkamp taschenbuch 2840. 488 Seiten

»Hör mir zu, Paula, ich werde dir eine Geschichte erzählen, damit du, wenn du erwachst, nicht gar so verloren bist.« Als ihre Tochter schwer erkrankt, schreibt Isabel Allende ihren großen Lebensroman, der Tochter zur Erinnerung und sich selbst zur Tröstung.

»Vom Sterben erzählt dieses Buch, aber genauso vom Leben und davon, daß von jedem Leben etwas bleibt.« *Berliner Morgenpost*

Fortunas Tochter
Roman
Aus dem Spanischen von Lieselotte Kolanoske
Gebunden und suhrkamp taschenbuch 3236. 486 Seiten

»Jeder Mensch wird mit einer besonderen Begabung geboren,
und Eliza Sommers entdeckte frühzeitig, daß sie über deren
zwei verfügte: einen guten Geruchssinn und ein gutes Gedächtnis.«
Fortunas Tochter ist die bewegte Geschichte der Eliza Sommers, einer lebenshungrigen jungen Frau, die zwischen zwei
Kulturen lebt und einen abenteuerlichen Weg geht. Als chile-
nisches Findelkind in der Obhut einer englischen Familie in
Valparaíso aufgewachsen, bricht sie, kaum siebzehnjährig, aus
dieser wohlbehüteten Welt aus. Die Suche nach ihrem Geliebten, der dem Sog des kalifornischen Goldrauschs nicht
widerstehen konnte, macht aus dem unerfahrenen Mädchen
eine selbstbewußte Frau, und am Ende ihrer Odyssee ist Eliza
ganz bei sich und in der Welt, endlich frei.

»Ein detailliertes Sittenbild der amerikanischen Gesellschaft
zur Zeit des Goldrauschs – ein packender Roman.« *Focus*

Porträt in Sepia
Roman
Aus dem Spanischen von Lieselotte Kolanoske
Gebunden und suhrkamp taschenbuch 3487. 512 Seiten

»»Das Licht ist die Sprache der Fotografie, die Seele der Welt. Es gibt kein Licht ohne Schatten, wie es kein Glück ohne Schmerz gibt‹, sagte Don Juan Ribero vor siebzehn Jahren zu mir an diesem ersten Tag in seinem Atelier. Ich habe es nicht vergessen. Aber ich darf nicht vorgreifen. Ich habe mir vorgenommen, diese Geschichte Schritt für Schritt, Wort für Wort zu erzählen, wie es sein muß.«

In Porträt in Sepia erzählt die chilenische Erfolgsautorin die Geschichte einer jungen Frau, die entschlossen ist, das Geheimnis ihrer frühen Vergangenheit zu lösen, an die sie sich nicht erinnern kann, und einen Alptraum aufzuhellen, der sie nicht in Ruhe läßt.

»Bildmächtig und leidenschaftlich entwickelt die passionierte Erzählerin eine mitreißende Saga. Sie schließt zeitlich die Lücke zwischen *Fortunas Tochter* und dem großen Bestseller *Das Geisterhaus*.« *Focus*

Zorro
Roman
Aus dem Spanischen von Svenja Becker
Gebunden. 444 Seiten

»Zorro«, der legendäre Kämpfer für Gerechtigkeit – wie wurde er zu dieser funkelnden Gestalt? Aufgewachsen im Kalifornien des späten 18. Jahrhunderts, wird Diego de la Vega als 16jähriger nach Barcelona geschickt, um europäischen Schliff zu erhalten. Er wird in die Fechtkunst eingewiesen und tritt einem Geheimbund bei, der sich verschworen hat, Gerechtigkeit zu suchen. Doch die ist es nicht allein, die ihn zu immer tollkühneren Taten treibt, auch seine Liebe zu Juliana läßt ihn mehr und mehr in die Rolle des »Zorro« schlüpfen. Und als solcher kehrt er zurück nach Kalifornien, um mit seinem Degen Gerechtigkeit für die einzufordern, deren Kampfesmut schon gebrochen scheint. Ein Held ist geboren, die Legende beginnt.

»Wenn Isabel Allende ihren Malkasten auspackt, glänzt Zorro wie neu: ein spannender Abenteuerroman mit historischem Dekor.« *stern*

Die Trilogie um die
›Abenteuer von Aguila und Jaguar‹

Die Stadt der wilden Götter
Roman. Übersetzt von Svenja Becker
Gebunden und st 3595. 328 Seiten

Im ersten Teil der Abenteuertrilogie lernen die junge Brasilianerin Nadia und der aus Kalifornien kommende Alex im Amazonasgebiet das geheimnisvolle Volk der Nebelmenschen kennen.

Im Reich des Goldenen Drachen
Roman. Übersetzt von Svenja Becker
Gebunden und st 3689. 336 Seiten

Im Reich des Goldenen Drachen, einem kleinen Königreich im Himalaja, sind Nadia und Alex einer internationalen Verbrecherbande auf der Spur, die den Goldenen Drachen, das weise Orakel, außer Landes bringen möchte.

Im Bann der Masken
Roman. Übersetzt von Svenja Becker
Gebunden. 320 Seiten

Ihren Abschluß findet die Abenteuertrilogie im Inneren Afrikas: Im Bann der Masken befinden sich Nadia und Alex, als sie auf der Suche nach verschollenen Geistlichen in einem Dorf mitten im Urwald landen, das von merkwürdigen Gestalten regiert wird.

Mein Leben, meine Geister.
Gespräche mit Celia Correas Zapata
Aus dem Spanischen von Astrid Böhringer
suhrkamp taschenbuch 3625. 268 Seiten

Mit ihren Büchern hat sie Weltruhm erlangt – Isabel Allende zählt zu den meistgelesenen Schriftstellerinnen unserer Zeit. In diesem Interviewband verrät sie mehr über die »private Isabel Allende«, spricht humorvoll und offen über ihre weit verzweigte Familie, die Entstehung ihrer Bücher, über ihre Leidenschaften und Einsichten.
Eine starke und außergewöhnliche Frau, ein Leben fast wie ein Roman.

Suhrkamp BasisBiographien

Ein spannendes Leben, ein beeindruckendes Werk, eine nachhaltige Wirkung – die Suhrkamp BasisBiographien erzählen von Leben, Werk und Wirkung der großen Persönlichkeiten der Weltgeschichte.